국내 최초
확실한 교정으로
바꿔 놓는 글씨교정틀
발명특허 획득!!!

악필글씨교정노트의 특허기술

1. 누구나 쉽게 악필을 바로잡는 특허기술의 글씨교정선틀

누구나 쉽게 악필을 바로잡는 초·중·고 및 성인용교재 글씨교정선틀의 신개념 교정기법

2. 과학적인 글자 짜임새 특허기술의 글씨교정선틀

쓰면서 악필을 바로 잡고 한자의 위치 및 크기를 일정하게 습득하고 한자의 짜임새와 모양을 빠른 한자교정으로 만들어 주는 과학적인 한자교정선틀 기법

3. 문장교정의 실전필기체 특허기술의 특수교정기법

처음부터 체계화된 한자교정기법의 한자교정선틀에서 교정하여 한자교정이 끝나면 습관화된 한자교정기법의 실전필기체로 바로 적용하는 한자교정의 특수교정기법

4. 쓰기 쉬운 경사각도 특허기술의 빠른 글씨체기법

유명서체에서 찾아낸 쓰기 쉬운 경사각도로 빠른 속도의 한자쓰기와 자기만의 독특하고 개성있는 멋진 한자필기체로 쉽게 체험성공으로 완성하는 빠른 실전글씨체 기법

악필글씨교정노트의 원리 학습법

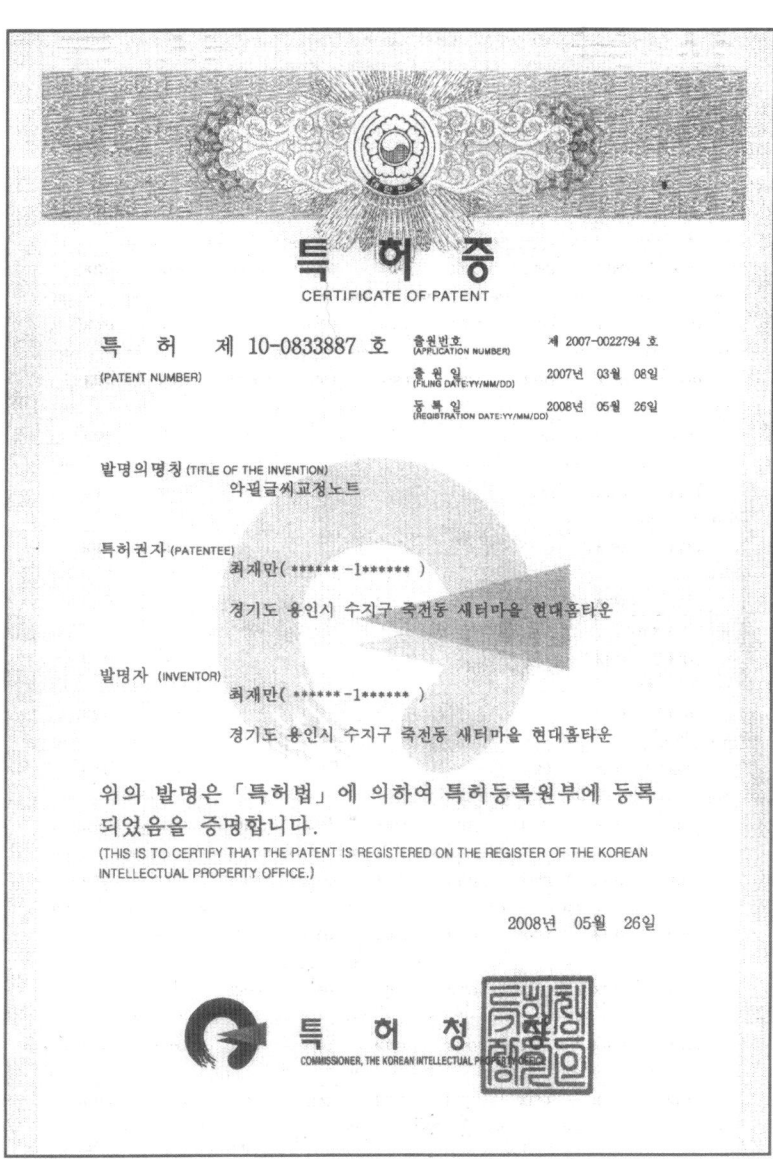

체험성공 교정후기
(한글 악필글씨교정노트 사용)

서경애 (여 주부)
악필글씨교정노트의 글씨교정은 내 생애, 모든 일에 자신감을 얻은 것 같습니다. 아직 미흡한 점이 있지만 좀 더 노력해서 더욱 예쁜 필체로 바뀌어서 생활하고 싶고, 저처럼 악필로 고생하는 분을 만나면 강력히 추천해 드리고 싶은 교재입니다. 감사합니다.

이동호 (남 고시준비생)
언제나 누군가의 앞에서 글씨를 쓴다는 자체가 부끄러운 일이었지만 이 교정노트를 통해 자신감을 얻게 되었고 고시를 준비하는데 "든든한 버팀목이 될 것이다."라는 확신을 얻었다. 글씨교정의 바이블!!

김삼원 (남 회사원)
교정노트의 글씨교정선틀에서 글씨를 교정한 제 글씨체가 제가 봐도 놀라울 정도로 변해가고 있습니다. 조금만 더 교정을 하면 만족할 만한 수준에 올라올 것 같습니다. 모두 선생님의 지도편달 덕분입니다. 게시판의 글을 날마다 하나도 빼지 않고 보고 있습니다. 많은 도움이 되더군요…….

곽성근 (남 기술사준비생)
교재를 마치면서……. 제가 내년도 기술사 시험에 대비하여 글씨교정에 마음먹고 시작한 지가 거의 3개월이 되었습니다. 그간 거의 매일 두 시간 정도 연습하다 보니 손이 아플 때도 있었지만, 지금은 감이 잡히고 깔끔한 글씨체가 나와 매우 기쁘고 행복합니다. 정말 그간 맛보지 못한 글씨체를 쓰고 있습니다. 그동안 친절하고 세세하고 열정적인 지도에 감사드리며 더욱 번창하시기 바랍니다.

김선정 (여 강사)
단순하게 따라 쓰는 거 누구나 할 수 있는 일이라 쉽게 생각했는데 결코 쉬운 일은 아니라는 것을 알게 되었습니다. 두 권의 책을 정성들여 쓰고 나니 마음도 뿌듯하지만 그보다 더 나 자신과의 싸움에서 이겼다는 생각이 듭니다. 교정선틀에 맞춰 며칠 쓰다 보니 신기하게도 교정선틀이 머릿속에서 그려졌습니다. 꾸준히 반복 반복을 하다 보니 어느새 글씨교정선틀 모양에 글을 써 넣으려고 하고 있더라고요……. 교재를 써가면서 글자 하나하나에 정성을 들일 줄 알게 되었고 정확한 받침을 쓰는 안정된 글씨를 쓰게 되어 무엇보다 글씨체의 필력이 생겼습니다.

김현경 (여 초등교사)
신기한 글씨교정선틀 덕분에 하루가 다르게 글씨가 좋아지고 있습니다. 초등학교 첫 담임을 하면서 칠판 글씨에 부담을 느껴 강의를 듣게 되었는데, 지금은 다른 선생님들께서 글씨를 잘 쓴다면서 칭찬해주실 정도입니다. ^-^

김종석 (남 고시준비생)
누가나 처음 시작은 똑같은 마음 아닐까 싶네요. 과연 글씨체가 변할 수 있을까? 저 역시 반신반의하면서 바른글씨교재를 시작했습니다. 다른 곳보다 교재가 과학적으로 보여서 선택했죠. 1,2권 정해진 분량만큼 3개월을 꾸준히 1~2시간씩 연습했는데 확실히 악필 글씨체가 교정되는데 효과가 있었습니다. 다만 아직까지는 논술문 작성 시 시간에 쫓기다보니 예전 글씨로 회귀하는 현상도 있지만 이건 연습만이 해결해줄 수 있는 문제이니 열심히 연습해서 저의 글씨체로 확실히 자리 잡도록 해야겠네요. 결론적으로 많은 도움 받았습니다. ^^

정성숙 (여 초등교사)
올해 저의 학교 중점 교육 사업을 전교생 악필교정으로 정했답니다. 이렇게 어느 한 분야를 집중적으로 연구한 전문인이 있다는 사실이 우리를 기쁘게 하네요. 귀사의 무궁한 발전을 기원합니다.

조홍석 (남 기술사준비생)
글씨교정연습을 시작한지 벌써 12주차가 되었습니다. 그 동안 글씨교정연습한 노트를 1주차부터 12주차까지 보았습니다. 정말 많이 향상되었더군요. 글씨 연습할 때는 '왜 이렇게 안 될까?' 하고 항상 스스로 불만스러웠는데……. 지금 생각해 보면 정말 탁월한 선택이었던 것 같습니다. 매우 체계화된 교재와 선생님의 매우 성의 있는 첨삭지도 덕분에 이렇게 짧은 기간에 글씨교정이 가능했던 것 같습니다. 항상 글씨에 자신감이 없었고, 기술자격 시험을 대비하는 과정에서 글씨에 대한 고민이 많았는데, 이 모든 문제를 해결하는데 가능하게 해주신 최재만 선생님께 진심으로 감사드립니다. 항상 건강하시고 사업이 번창하시길 기원 드립니다.

양선숙 (여 중학교사)
많은 학생들이 악필교정노트의 글씨체에 흥미와 자신감을 먼저 가진 것 같습니다. 너무나 감사드리며 악필글씨교정노트는 글씨교정선틀 자체가 효율적이고 글자의 비율에 맞게 균형 있는 글자를 쓰게 되어 있어 학생들에게 체계적인 글씨교정이 될 수 있도록 만든 교재로 학생들이 글씨에 자신감을 갖고 쓸 수 있어서 좋은 교재였습니다.

진양숙 (여 주부)
평생의 약점이었던 글씨가 악필글씨교정노트를 접하고 나서는 자랑거리로 바뀌고 있답니다. 저처럼 글씨로 평생을 고민하시는 분들은 주저하지 마시고 바른글씨의 글씨교정선틀에서 쓰는 교재를 꼭 권해드립니다. 절대로 후회하지 않으실 거예요. 또한 옆에서 관심으로 격려해 주신 선생님께 감사드립니다.

이성근 (남 회사원)
글씨로 엄청난 스트레스를 받고 있던 중에 바른글씨의 악필글씨교정노트와 선생님을 만나 글씨교정에 정말 많은 도움과 자신감으로 이제는 은행이나 관공서에서 글씨를 쓰게 되도 남들 앞에 자신 있게 글씨를 씁니다. 이렇게 자신 있는 글씨체는 선생님의 교정첨삭지도가 저의 잘못된 부분을 하나하나 지적해 주신 덕분이며 항상 고맙게 생각하고 있습니다. 선생님의 끝없는 관심이 저에게 너무나 큰 힘이 되었습니다. 항상 바른글씨의 번창을 기원합니다.

머리말

글씨는 곧 그 사람의 인격입니다.

글씨는 전인적 인격 수양의 지름길로 여겨져 왔으며 사람됨의 주요 요소를 신언서판 (身言書判)이라 하여 몸과 언행, 글씨와 판단력으로 구별하였다. 글씨가 그 만큼 인격 완성에 있어 중요하다는 것이다. 그러나 오늘날 학교에서 조차 글씨 공부를 소홀하게 취급하면서 인성과 인격을 키워 주지 못할 뿐만 아니라 학습증진에도 도움을 주지 못하고 있다는 생각이다. 특히 요즘은 어릴 적부터 연필이나 펜보다는 키보드를 먼저 배울 만큼 컴퓨터 사용이 일반화 되면서 악필은 더욱 늘고 있는 실정이다.
그 동안 악필교정은 문장을 보고 빈 칸에 그대로 베껴 쓰는 반복연습 방식으로 하다보니 글씨체의 크기가 일정하지 않고 자음과 모음의 크기도 제대로 습득되지 못했다. 게다가 맹목적으로 따라서 쓰다보니 글씨체가 흉하게 변형되고, 교정이 잘 되지 않아 다시 흉한 글씨체로 되돌아가는 악순환이었다.

필자는 이미 국내 최초로 악필을 바로 잡는 글씨교정선틀을 개발하여 독자들로부터 교정효과 및 체험 성공 만족도 1위를 차지하고 있다. 필자가 개발한 글씨교정선틀이 만족도 1위를 고수하고 있는 것은 오랜 경험과 실증 경험을 바탕으로 했기 때문이다. 오직 악필로 고생하는 독자들을 위해 악필교정만큼은 반드시 잡겠다는 신념의 결과이기도 하다. 글씨교정선틀은 많은 시행착오 끝에 기계학적으로 글자의 비율을 찾아 배우기 쉽도록 했고, 자음과 모음의 일관성 있는 크기와 균형 있는 짜임새, 빠른 속도감까지 갖춘 교재다. 특히 한글뿐만 아니라 한자, 영어, 문장 교정도 글씨교정선틀에서 배울 수 있도록 만든 교정 교재로 모두 특허청 발명 특허 등록이 되어있다.
글씨교정체는 여러 가지의 글씨교정선틀을 만들고 교정선틀에서 수천 번의 글씨를 써보고 수정해 체계화하여 초등학교 대상 실험으로 검증하여 만들어진 혼이 담긴 땀방울이다. 글씨교정선틀을 사용해서 흉한 글씨체와 흐트러진 글씨를 바로 잡고, 쓰면서 글씨 교정이 습관화가 되어 악필이 자연스럽게 교정되도록 만들어졌다.
필자는 악필글씨교정노트로 글씨교정이 되고 자신감까지 얻을 수 있기를 바라는 마음으로 글씨교정선틀에서 악필을 바로잡는 '악필교정의 정석'을 출간한데 이어 특허 받은 '한자쓰기교정의 정석'을 출간하게 되었다.

글씨교정은 절대로 하루아침에 이루어지 않는다.
본 교재의 글씨교정선틀에서 평소 꾸준한 연습으로 바른 습관이 되고 멋진 필기체와 더불어 악필교정이 꼭 이뤄지길 바라마지 않는다.

이 책의 출판을 흔쾌히 허락한 법률저널 공병익 대표이사님, 이를 위해 수고를 아끼지 않으신 이상연 편집국장님, 책이 돋보이게 만들어주신 편집담당자 이하 관계 직원 여러분에게 감사를 드린다.

용인사무실에서
최재민 드림

필기구 선택

- **초등·중등** : 저학년 – 반드시 HB연필 사용
  고학년 – HB연필이나 샤프 0.7~0.9mm 사용
- **논술생 및 성인** : 연필이나 샤프 0.7~0.9mm 사용(문장교정시 0.5mm 사용)
  중성펜은 0.4~0.5mm 사용
  볼펜은 0.5~0.7mm 사용
  (필기구 선택은 현재 논술형 시험대비나 업무에서 현재 사용하고 있는 필기구로 글씨교정을 하는 것이 글씨교정과 연관성이 있어 교정습관이 제대로 되어 효율적인 글씨교정을 할 수 있으며 필기구의 심은 0.4~0.5mm 정도가 좋습니다.)

목 차

한자교정평가 기록표	5	3주 글씨교정평가 보내기	61
올바른 글씨 교정법	7	4주	63
올바른 필기구 잡는 법	8	6급 한자교정연습	65
경사차트체란	9	숫자교정연습	70
특허받은 교정선틀의 원리	10	5급 한자교정연습	71
특허한자교정선틀의 사용 견본	11	4주 글씨교정평가 보내기	75
특허한자교정선틀의 사용 방법	12	5주	77
특허한자차트체의 기본 선긋기 방법	13	5급 한자교정연습	79
부수 일람표	14	5주 글씨교정평가 보내기	89
부수의 위치상 구분	16	6주	91
중심부수의 필순	17	5급 한자교정연습	93
1주	19	준4급 한자교정연습	99
진단평가용 글씨체 기록표	21	6주 글씨교정평가 보내기	111
차트체 선긋기 방법	22	7주	113
기본 선긋기 방법	23	준4급 한자교정연습	115
한자차트체 부수 기본 연습	24	숫자교정연습	128
한자쓰기의 기본 원칙	26	4급 한자교정연습	131
8급 한자교정연습	27	7주 글씨교정평가 보내기	135
1주 글씨교정평가 보내기	32	8주	137
2주	35	4급 한자교정연습	139
7급 한자교정연습	37	8주 글씨교정평가 보내기	160
2주 글씨교정평가 보내기	47	부록 한자쓰기연습장	162
3주	49		
6급 한자교정연습	51	사용후기 엽서	

한자교정평가 기록표

▶ 매일 한자교정 후 기록표에 직접 체크하세요.(초등학생은 부모님이 직접 확인)
▶ 매일 실천한 내용을 해당 날짜에 표시를 합시다.

도전회분		날짜			교정시간					확인
1주	도전 1회	월	일	요일	□10분	□15분	□20분	□기타	분	
	도전 2회	월	일	요일	□10분	□15분	□20분	□기타	분	
	도전 3회	월	일	요일	□10분	□15분	□20분	□기타	분	
	도전 4회	월	일	요일	□10분	□15분	□20분	□기타	분	
	도전 5회	월	일	요일	□10분	□15분	□20분	□기타	분	
	도전 6회	1주 한자교정평가 보내기								
2주	도전 7회	월	일	요일	□10분	□15분	□20분	□기타	분	
	도전 8회	월	일	요일	□10분	□15분	□20분	□기타	분	
	도전 9회	월	일	요일	□10분	□15분	□20분	□기타	분	
	도전 10회	월	일	요일	□10분	□15분	□20분	□기타	분	
	도전 11회	월	일	요일	□10분	□15분	□20분	□기타	분	
	도전 12회	2주 한자교정평가 보내기								
3주	도전 13회	월	일	요일	□10분	□15분	□20분	□기타	분	
	도전 14회	월	일	요일	□10분	□15분	□20분	□기타	분	
	도전 15회	월	일	요일	□10분	□15분	□20분	□기타	분	
	도전 16회	월	일	요일	□10분	□15분	□20분	□기타	분	
	도전 17회	월	일	요일	□10분	□15분	□20분	□기타	분	
	도전 18회	3주 한자교정평가 보내기								
4주	도전 19회	월	일	요일	□10분	□15분	□20분	□기타	분	
	도전 20회	월	일	요일	□10분	□15분	□20분	□기타	분	
	도전 21회	월	일	요일	□10분	□15분	□20분	□기타	분	
	도전 22회	월	일	요일	□10분	□15분	□20분	□기타	분	
	도전 23회	월	일	요일	□10분	□15분	□20분	□기타	분	
	도전 24회	4주 한자교정평가 보내기								

한자교정평가 기록표

▶ 매일 한자교정 후 기록표에 직접 체크하세요.(초등학생은 부모님이 직접 확인)
▶ 매일 실천한 내용을 해당 날짜에 표시를 합시다.

도전회분		날짜			교정시간					확인
5주	도전 25회	월	일	요일	□10분	□15분	□20분	□기타	분	
	도전 26회	월	일	요일	□10분	□15분	□20분	□기타	분	
	도전 27회	월	일	요일	□10분	□15분	□20분	□기타	분	
	도전 28회	월	일	요일	□10분	□15분	□20분	□기타	분	
	도전 29회	월	일	요일	□10분	□15분	□20분	□기타	분	
	도전 30회	5주 한자교정평가 보내기								
6주	도전 31회	월	일	요일	□10분	□15분	□20분	□기타	분	
	도전 32회	월	일	요일	□10분	□15분	□20분	□기타	분	
	도전 33회	월	일	요일	□10분	□15분	□20분	□기타	분	
	도전 34회	월	일	요일	□10분	□15분	□20분	□기타	분	
	도전 35회	월	일	요일	□10분	□15분	□20분	□기타	분	
	도전 36회	6주 한자교정평가 보내기								
7주	도전 37회	월	일	요일	□10분	□15분	□20분	□기타	분	
	도전 38회	월	일	요일	□10분	□15분	□20분	□기타	분	
	도전 39회	월	일	요일	□10분	□15분	□20분	□기타	분	
	도전 40회	월	일	요일	□10분	□15분	□20분	□기타	분	
	도전 41회	월	일	요일	□10분	□15분	□20분	□기타	분	
	도전 42회	7주 한자교정평가 보내기								
8주	도전 43회	월	일	요일	□10분	□15분	□20분	□기타	분	
	도전 44회	월	일	요일	□10분	□15분	□20분	□기타	분	
	도전 45회	월	일	요일	□10분	□15분	□20분	□기타	분	
	도전 46회	월	일	요일	□10분	□15분	□20분	□기타	분	
	도전 47회	월	일	요일	□10분	□15분	□20분	□기타	분	
	도전 48회	8주 한자교정평가 보내기								

올바른 글씨 교정법

1 바른 자세로 한다.

바른 자세는 글씨 교정의 종합적인 내용을 포함하는 글씨 교정의 기본입니다. 바른 자세는 척추의 변형 방지와 몸의 피로를 쉽게 풀 수 있으며 안정된 자세에서 맑은 정신으로 글씨를 쓰기 때문에 한결 더 쉽게 빠른 글씨 교정을 할 수 있습니다.
앉은 자세에서 책상이나 의자가 자기의 신체에 맞는지 꼭 확인하고 바른 자세로 앉았을 때 팔꿈치를 책상과 비슷하게 하고 아래로 처지지 않도록 하여야 좋습니다. 허리를 펴고 엉덩이가 완전히 의자등받이에 밀착된 상태에서 무릎을 직각으로 구부리고 앉은 자세를 하면 됩니다.

2 올바른 필기구 잡는 방법을 습득한다.

필기구를 소홀히 다루는 것은 악필을 조장하는 근본적인 원인입니다.
올바른 필기구 교정은 주먹을 가볍게 쥐고 필기구를 50~70도 정도로 기울기를 주며 엄지와 검지를 마주보게 잡고서 둥근 모양으로 하고 2~3센티미터 정도의 위치에 필기구를 잡습니다. 엄지의 첫마디와 검지의 둘째 마디를 꺾어서 안쪽으로 힘을 주면 정확한 필기구 교정이 되며 셋째 손가락의 첫마디에 필기구를 받쳐주고 엄지와 검지로 필기구를 눌러주면 됩니다. 새끼손가락의 아랫부분이 모두 노트 지면에 닿으면 안정적인 필기구 자세가 됩니다.
글씨를 쓸 때에는 처음부터 끝까지 일정한 힘으로 쓰며 손목이 좌, 우로 꺾이지 않도록 한다.

3 글씨교정의 기본은 정성과 반복연습이다.

악필 교정의 기본 원칙은 글자를 한자씩 또박또박 쓰는 정성과 반복 또 반복학습에 있으며 글씨 교정의 기본 원리를 제대로 익히는 방식입니다.
빠른 악필 교정에 반복만큼 효율적인 최적의 좋은 학습법은 없습니다. 반복을 통한 효율적인 암기로 빠른 글씨 교정을 앞당기는 최선의 방법임을 꼭 기억합시다.

4 글씨교정은 단기간이나 속성으로 이루어지지 않는다.

악필 교정에는 절대로 단기간이나 속성으로 글씨 교정의 실력이 갑자기 늘지 않습니다. 이런 방식은 일시적으로 좋아질 수 있으나 다시 악필로 되돌아가는 원인이 됩니다.
글씨교정은 꾸준히 매일 쓰는 습관만이 성공입니다. 불규칙한 글씨 교정 연습은 악필 교정을 처음부터 다시 시작하여야 하는 어려움이 있으므로 반복 또 반복 학습으로 매일 1시간 정도 글씨 교정을 하면 3개월 후에 반드시 깔끔하고 멋진 실전 필기체로 만들 수 있습니다.

5 오랜 시간에 글씨 쓰지 않는다.

글씨 쓰기는 하루에 1~2시간정도 이내로 하며 처음부터 무리하게 많은 연습을 하지 않는 것이 좋습니다. 매일 쓰는 연습으로 조금씩 늘려나가면 자신감을 얻어 빠른 글씨 교정을 할 수 있습니다.
오랜 시간에 글씨를 쓰면 집중도가 떨어지고 흐트러진 글씨체로 습관화가 될 수 있으며 글씨 쓰기에 흥미를 잃고 스트레스를 받아서 글씨 교정에 도움이 주지 않습니다.

6 초등학생은 보모님이 꼭 지도해 줍시다.

초등학교 이하는 혼자서 글씨쓰기에는 인내를 필요로 하는 어려운 과목입니다. 한글의 기하학적인 글자를 자세히 보면 글씨 높낮이가 다 다르기 때문에 균형 있게 바른 글씨를 쓴다는 것은 쉬운 일이 아닙니다. 글씨 쓰기 지도는 꼭 부모님이 옆에서 지도하여 잘못된 습관을 바로 고쳐줌으로서 많은 효과를 볼 수 있습니다.

올바른 필기구 잡는 법

필기구를 올바로 잡는 것이 악필을 예방하는 필수조건입니다.

올바른 필기구 잡는 법은 주먹을 가볍게 쥐고 50-70도 각도의 기울기를 주며, 2~3센티미터 위치에서 엄지와 검지를 마주보게 잡고 엄지, 검지가 둥근 모양이 되도록 합니다. 셋째 손가락의 첫마디에 필기구를 받쳐 주고 엄지 첫째 마디와 검지 둘째 마디를 꺾어 눌러주면서 새끼손가락 밑면이 모두 지면에 닿도록 하면 안정된 자세가 됩니다.

글씨를 쓸 때에는 처음에는 끝까지 일정한 힘으로 쓰며 손목이 좌, 우로 꺾이지 않도록 합니다.

올바른 필기구 교정 모습

  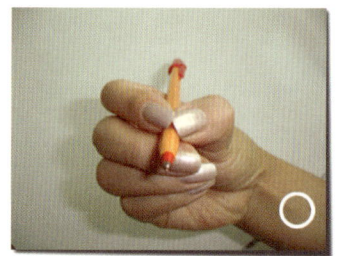

주먹을 가볍게 쥐고 엄지, 검지를 마주보게 잡고 둥근 모양이 되도록 한다. 새끼손가락 밑면이 노트지면에 닿도록 한다.

셋째 손가락 첫마디에 필기구를 받쳐 주고 엄지 첫째 마디와 검지 둘째 마디를 꺾어서 필기구를 눌러준다.

필기구 심에서 볼때 엄지·검지·중지손가락이 모아져서 삼각형 모양이 되면 올바르게 잡은 모습입니다.

잘못된 필기구 교정 모습

 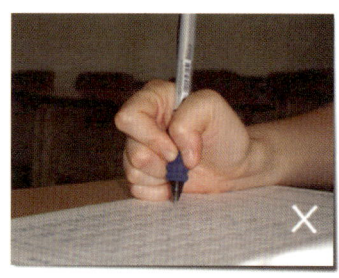 

엄지에 힘이 많이 가서 검지손가락이 많이 아프고 손의 움직임이 작아 글씨 쓰기가 불편하다.

엄지의 무리한 힘으로 엄지의 마디와 손가락 전체 힘이 많이 들어가서 아프고 글씨를 많이 쓸 수 없다.

엄지의 무리한 힘으로 엄지 마디와 중지 손가락이 눌러져서 아프고 글쓰기가 불편하며 많은 글씨를 쓸 수 없다.

경사 차트체란?

가로획의 방향을 일정한 경사각도로 올려 쓰는 글씨체로서 정자체보다는 부드러운 글씨체는 아니지만 힘 있고 깨끗하여 깔끔하게 보이는 것이 특징이며 컴퓨터가 발달하기 전에는 각 관공서 행정부처 및 군대, 기업체에서 상황판이나 업무보고용으로 많이 쓰던 가독성이 뛰어난 멋진 글씨체입니다. 빠른 글씨교정으로 쉽게 습득하는 글씨교정방법입니다.

경사차트체 작성의 예

外資導入現況

〈單位: 百萬弗〉

區分	借款額			比率	
	美國(A)	日本(B)	合計(C)	A/C (%)	B/C (%)
財政借款	463.4	128.8	698.0	66.4	18.5
商業借款	493.2	392.3	1,512.3	32.6	25.9
外國人投資	99.3	31.4	151.9	65.4	20.7
合計	1,055.9	532.5	2,362.2	44.7	23.4

国民教育憲章

우리는 民族中興의 歷史的 使命을 띠고 이땅에 태어났다. 祖上의 빛난 얼을 오늘에 되살려 안으로 自主獨立의 姿勢를 確立하고 밖으로 人類共榮에 이바지할때다. 이에 우리의 나아갈 바를 밝혀 敎育의 指標로 삼는다. 誠實한 마음

특허받은 교정선틀의 원리

쓰기 어렵고 많은 획으로 이루어진 한자를 일정한 획의 간격과 비율로 분해된 한자교정틀에서 한자를 쉽게 교정하고 경사차트체로 한자를 예쁘고, 써서 균형 있는 한자의 짜임새와 형태로 만들어 주는 반복·집중·첨삭 학습프로그램의 특허받은 한자교정기법

특허받은 글씨교정선틀

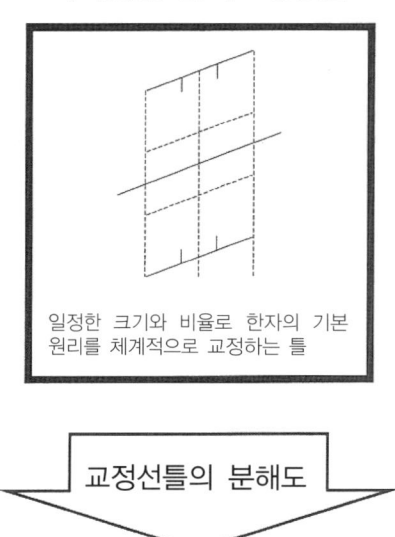

일정한 크기와 비율로 한자의 기본 원리를 체계적으로 교정하는 틀

교정선틀의 분해도

쓰기 어려운 많은 한자를 일정한 획 간격과 비율로 만들어 주는 10개의 틀에서 한자교정완성

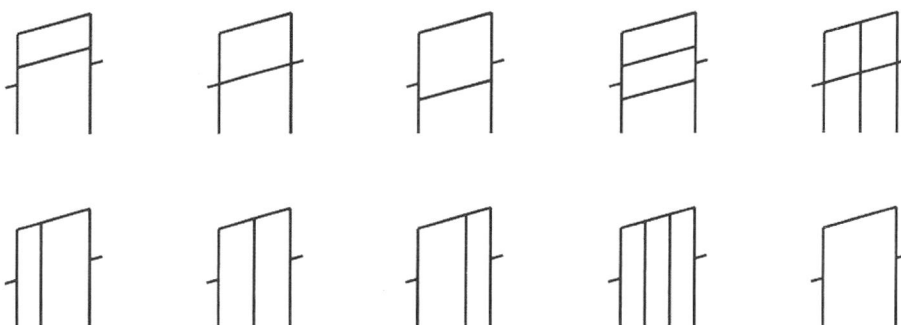

특허한자교정선틀의 사용 견본

한자를 바로 잡는 10개의 한자교정선틀에서 한자의 획 간격과 비율로 일정하게 교정해서 균형 있는 짜임새와 일관성 있는 모양으로 습득시키고 경사 차트체로 한자를 누구나 쉽게 교정할 수 있도록 만든 반복·집중·첨삭 학습프로그램의 특허 받은 한자교정기법

한자에서 삐쳐 나가는 폭을 정해주는 삐침교정선

특허한자교정선틀의 사용 방법

1. 매일 정해진 도전회분을 꼭 연습을 하고 기록표에 기록을 해주세요.
   (정해진 도전회분 보다 더 많은 교정연습을 해도 좋습니다.)
2. 매일 도전회분의 속도시간을 체크를 해주시기 바랍니다.
3. 반드시 매주 평가용을 보내서 첨삭지도평가에 합격하고 다음 단계를 이수하여야 합니다.
4. 한자를 보고 한자교정틀에 간격과 비율에 맞게 정확하게 쓰는 연습을 해주세요.
5. 한자교정틀에 맞지 않게 쓰면 균형 있는 한자 짜임새로 교정이 되지 않습니다.

■ 한자교정선틀에서 올바르게 쓴 글씨체

▶ 한자를 보고 한자교정선틀에 일정한 간격과 비율로 나누어서 씁시다.

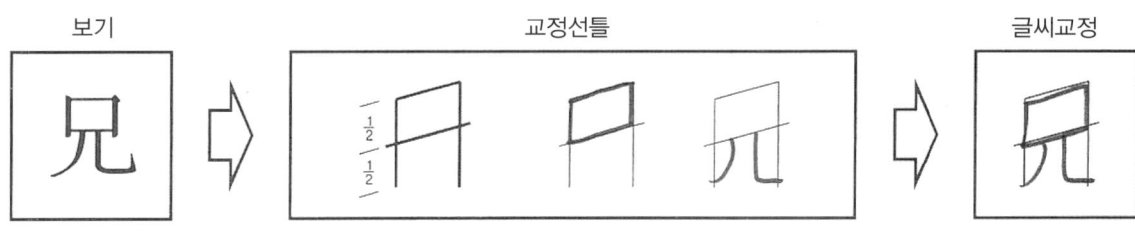

▶ 한자를 보고 한자교정선틀에 일정한 간격과 비율로 나누어서 씁시다.

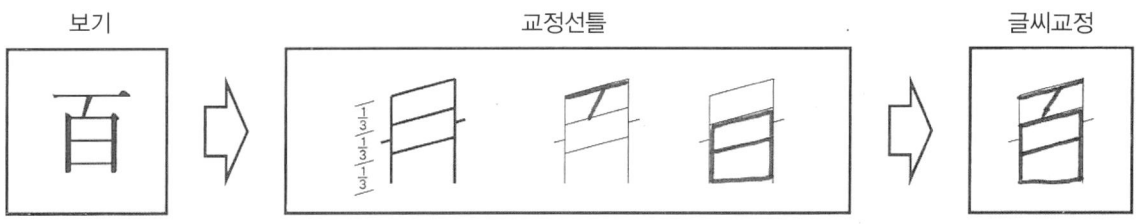

▶ 한자를 보고 한자교정선틀에 일정한 간격과 비율로 나누어서 씁시다.

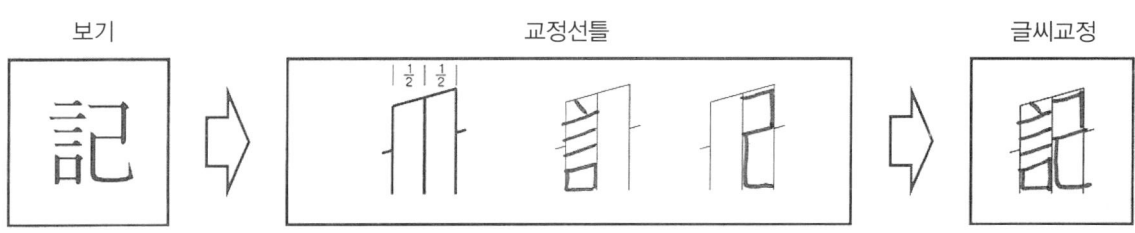

■ 한자교정선틀에서 올바르지 않게 쓴 글씨체

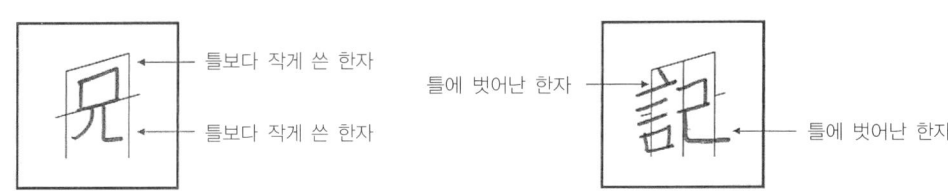

특허한자차트체의 기본 선긋기 방법

[화살표 방향으로 기본 선긋기를 한자교정선틀 안에 정확하게 맞추어 씁시다.]

1 가로획(경사선) 쓰기

가로획은 꼭 한자교정선틀의 경사선을 따라 일반 글씨를 쓰듯 왼쪽에서 오른쪽으로 처음부터 끝까지 일정한 힘을 주어서 씁시다.

☑ 중요사항 : 한자의 하단부 획을 수평으로 써서 한자의 균형과 안정감을 줍시다.

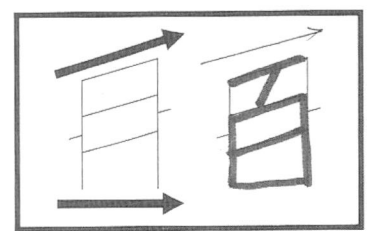

2 세로획(수직선) 쓰기

세로획은 위에서 아래로 쓰며 처음부터 끝까지 일정한 힘으로 내려 긋기 합시다.

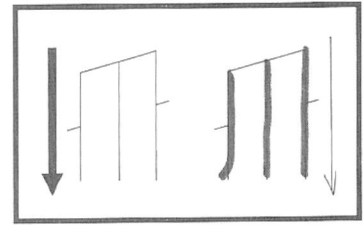

3 위에서 왼쪽 아래로 곡선 쓰기

왼쪽 아래로 내려 쓰는 곡선은 위에서 왼쪽 아래로 처음부터 끝까지 일정한 힘으로 내려 긋기 합시다.

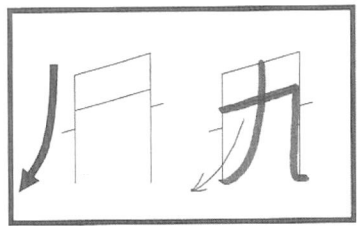

4 위에서 오른쪽 아래로 곡선 쓰기

오른쪽 아래로 내려 쓰는 곡선은 위에서 오른쪽 아래로 처음부터 끝까지 일정한 힘으로 내려 긋기 합시다.

☑ 중요사항 : 한자 차트체에서 오른쪽으로 내려 긋는 곡선을 직선으로 내려 긋기 하여도 됩니다.

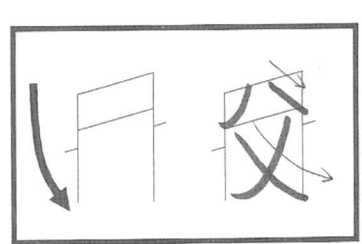

부수 일람표

1 획

- 一 한일
- 丨 뚫을곤
- 丶 점
- 丿 삐침
- 乙 새을
- 亅 갈구리궐

2 획

- 二 두이
- 亠 돼지해머리
- 人 사람인
- 亻 사람인변
- 儿 어진사람인발
- 入 들입
- 八 여덟팔
- 冂 멀경몸
- 冖 민갓머리
- 冫 이수변
- 几 안석궤
- 凵 위튼입구변
- 刀 칼도
- 刂 선칼도방
- 力 힘력
- 勹 쌀포몸
- 匕 비수비
- 匚 튼입구몸
- 匸 감출혜몸
- 十 열십
- 卜 점복
- 卩 병부절
- 厂 민엄호
- 厶 마늘모
- 又 또우

3 획

- 口 입구
- 囗 큰입구몸
- 土 흙토
- 士 선비사
- 夂 뒤져올치
- 夊 천천히걸을쇠발
- 夕 저녁석
- 大 큰대
- 女 계집녀
- 子 아들자
- 宀 갓머리
- 寸 마디촌
- 小 작을소
- 尢 절음발이왕
- 尸 주검시엄
- 屮 왼손좌
- 山 뫼산
- 巛 개미허리
- 工 장인공
- 己 몸기
- 巾 수건건
- 干 방패간
- 幺 작을요
- 广 엄호
- 廴 민책받침
- 廾 스물입발
- 弋 주살익
- 弓 활궁
- 彐 튼가로왈
- 彡 터럭삼방
- 彳 두인변
- 忄 심방변
- 扌 재방변
- 氵 삼수변
- 犭 개사슴록변
- 阝 좌부변
- 阝 우부방

4 획

- 心 마음심
- 戈 창과
- 戶 지게호
- 手 손수
- 支 지탱할지
- 攵 둥글월문
- 文 글월문
- 斗 말 두
- 斤 날근
- 方 모방
- 无 없을무
- 日 날일
- 曰 가로왈
- 月 달월
- 木 나무목
- 欠 하품흠방
- 止 그칠지
- 歹 사죽을사변
- 殳 갖은등글월문
- 毋 말무
- 比 견줄비
- 毛 터럭모
- 氏 각시씨
- 气 기운기엄
- 水 물수
- 火 불화
- 灬 연화발
- 爪 손톱조머리
- 父 아비부
- 爻 점괘효
- 爿 장수장변
- 片 조각편
- 牙 어금니아
- 牛 소우변
- 犬 개견
- 老 늙을로엄
- 玉 구슬옥변
- 艹 초두머리
- 辶 책받침

5 획

- 玄 검을현
- 瓜 외과
- 瓦 기와와
- 甘 달감
- 生 날생
- 用 쓸용
- 田 밭전
- 疋 필필
- 疒 병질엄
- 癶 필발머리
- 白 흰백
- 皮 가죽피
- 皿 기명명
- 目 눈목
- 矛 창모
- 矢 화살시
- 石 돌석
- 示 보일시

부수 일람표

内 짐승발자국유	赤 붉을적	鬲 다리굽은솥력
禾 벼화	走 달아날주	鬼 귀신귀
穴 구멍혈	足 발족	**11 획**
立 설립	身 몸신	魚 물고기어
衤 옷의변	車 수레거	鳥 새조
6 획	辛 매울신	鹵 짠땅로
竹 대죽	辰 별신	鹿 사슴록
米 쌀미	邑 고을읍	麥 보리맥
糸 실사	酉 닭유	麻 삼마
缶 장군부	釆 분별할채	**12 획**
网 그물망	里 마을리	黃 누를황
羊 양양	**8 획**	黍 기장서
羽 깃우	金 쇠금	黑 검을흑
而 말이을이	長 길장	黹 바느질할치
耒 쟁기뢰	門 문문	**13 획**
耳 귀이	阜 언덕부	黽 맹꽁이맹
聿 오직율	隶 미칠이	鼎 솥정
臣 신하신	隹 새추	鼓 북고
自 스스로자	雨 비우	鼠 쥐서
至 이를지	靑 푸를청	**14 획**
臼 절구구	非 아닐비	鼻 코비
舌 혀설	**9 획**	齊 가지런할 제
舛 어그러질천	面 낯면	**15 획**
舟 배주	革 가죽혁	齒 이치
艮 괘이름간	韋 다룬가죽위	**16 획**
色 빛색	韭 부추구	龍 용룡
艸 초두	音 소리음	龜 거북귀
虍 범호엄	頁 머리혈	**17 획**
虫 벌레훼	風 바람풍	龠 피리약
血 피혈	飛 날비	
行 다닐행	食 밥식	
衣 옷의	首 머리수	
襾 덮을아	香 향기향	
7 획	**10 획**	
見 볼견	馬 말마	
角 뿔각	骨 뼈골	
言 말씀언	高 높을고	
谷 골곡	髟 긴털드리울표	
豆 콩두	鬥 싸움투	
豕 돼지시	鬯 술창	
豸 발없는벌레치		
貝 조개패		

부수의 위치상 구분

1. 변 : 부수가 글자의 왼편에 위치한 것으로 〈변〉을 붙인다.
   [보기] 亻 사람인 변 → 仁 어질 인

2. 방 : 부수가 글자의 오른편에 위치한 것으로 〈방〉을 붙인다.
   [보기] 斤 도끼근 방 → 新 새로울 신

3. 머리(두) : 부수가 글자의 위편에 위치한 것으로 〈머리〉를 붙인다.
   [보기] 宀 갓머리, 집면머리 → 家 집 가

4. 발(밑) : 부수가 글자의 아래편에 위치한 것으로 〈발〉을 붙인다.
   [보기] 皿 그릇명 발 → 益 더할 익

5. 엄 : 부수가 글자의 위에서 왼편으로 연결되어 위치한 것으로 〈엄〉을 붙인다.
   [보기] 厂 글바위 엄 → 原 근본 원

6. 받침 : 부수가 글자의 왼편에서 밑으로 연결되어 위치한 것으로 〈받침〉을 붙인다.
   [보기] 辶 쉬엄쉬엄갈 책받침 → 道 길 도

7. 몸 : 부수가 글자를 둘러싸고 있는 것으로 〈몸〉을 붙인다.
   [보기] 囗 에울위 몸 → 國 나라 국

8. 독립형 : 부수 자체가 글자인 것을 말하며 〈제부수〉라고 한다.
   [보기] 金 제부수 → 金 쇠 금

중심부수의 필순

▶ 한자 중심부수의 기본 쓰는 순서를 자주 보고 익힌 다음 교정연습을 하면 한자를 쉽게 교정할 수 있습니다.

乙 새 을	一乙			支 지탱할 지	一十步支
人 사람 인	ノ人			日 날 일	丨冂日日
入 들 입	ノ入			月 달 월	ノ刀月月
刀 칼 도	刁刀			木 나무 목	一十才木
力 힘 력	一力			欠 하품 흠	ノ 𠂉 亇欠
匕 비수 비	ノ匕			止 그칠 지	丨 ㅏ 止 止
十 열 십	一十			歹 앙상한뼈 알	一ア万歹
卜 점 복	丨卜			殳 몽둥이 수	ノ 几 几 殳
ム 마늘 모	ㄴ ム			毛 털 모	一二三毛
又 또 우	フ又			水 물 수	丨 刂 水 水
口 입 구	丨 冂 口			火 불 화	ノ ソ 少 火
土 흙 토	一十土			父 아비 부	ノ 八 グ 父
士 선비 사	一十士			爿 장수 장	丨 ㅏ 爿 爿
夕 저녁 석	ノ ク 夕			牙 어금니 아	一二于牙
大 큰 대	一ナ大			牛 소 우	ノ 一 二 牛
女 계집 녀	乀 乄 女			犬 개 견	一ナ大犬
子 아들 자	了了子			玄 검을 현	ㆍ 一 亠 玄 玄
寸 마디 촌	一寸寸			瓜 오이 과	一厂瓜瓜
小 작을 소	亅 亅 小			瓦 기와 와	一 Ｔ 瓦 瓦
尸 주검 시	一コ尸			甘 달 감	一十廿廿甘
山 뫼 산	丨 凵 山			生 날 생	ノ 一 二 牛 生
工 장인 공	一丁工			用 쓸 용	丿 冂 月 用
己 몸 기	フコ己			白 흰 백	ノ 亻 冂 白
巾 수건 건	丨 冂 巾			目 눈 목	丨 冂 月 目
干 방패 간	一二干			矢 화살 시	ノ 一 二 午 矢
幺 작을 요	乀 幺 幺			石 돌 석	一ア 厂 石 石
弋 주살 익	一弋弋			示 보일 시	一二亍示示
戈 창 과	一弋戈戈			禾 벼 화	一二千禾禾
弓 활 궁	フ コ 弓			立 설 립	ㆍ 一 亠 立 立
戶 집 호	一 厂 戶 戶			竹 대 죽	ノ 亻 ⺮ ⺮ 竹
手 손 수	一二三手			米 쌀 미	ㆍ ㆍ 二 半 米 米
斗 말 두	ㆍ ㆍ 그 斗			糸 실 사	乀 幺 幺 幺 糸 糸
斤 도끼 근	一 厂 斤 斤			羊 양 양	ㆍ 丷 亠 羊
方 모 방	ㆍ 一 亠 方			羽 깃 우	ノ 기 키 打 羽 羽

중심부수의 필순

▶ 한자 중심부수의 기본 쓰는 순서를 자주 보고 익힌 다음 교정연습을 하면 한자를 쉽게 교정할 수 있습니다.

田 밭 전	丨 冂 冊 用 田	里 마을 리	丨 口 日 甲 甲 里
矛 창 모	ㄱ ㄲ 予 矛	金 쇠 금	丿 人 스 수 余 余 金
而 말이을 이	一 ナ 亓 而	長 긴 장	丨 厂 F 上 手 長
耳 귀 이	一 丅 下 王 耳	癶 필 발	ㄱ ㄲ ㅉ 癶
聿 붓 율	ㄱ ㅋ 글 聿	門 문 문	丨 卩 月 門 門 門
臣 신하 신	一 厂 厂 戶 臣 臣	隹 새 추	丿 亻 亻 亻 隹 隹
自 스스로 자	丿 丨 冂 自 自	雨 비 우	一 厂 门 币 雨 雨
至 이를 지	一 厶 云 玄 至 至	靑 푸를 청	一 丰 亖 靑 靑 靑
臼 절구 구	丿 F F 臼 臼	非 아닐 비	丿 丿 丬 丬 非 非
舌 혀 설	一 二 千 千 舌	面 낯 면	一 厂 币 而 面
艮 그칠 간	ㄱ ㅋ 月 艮 艮	革 가죽 혁	一 廾 苎 芦 芦 革
舟 배 주	丿 丿 冂 舟 舟	韋 가죽 위	丿 午 車 韋 韋
色 빛 색	丿 夕 夕 名 色 色	音 소리 음	一 工 千 立 音 音
虍 범 호	丨 匕 广 卢 虍	頁 머리 혈	一 丁 页 百 頁 頁
血 피 혈	丿 丨 冂 血 血	飛 날 비	乙 飞 下 飞 飛 飛 飛
行 갈 행	丿 彳 行 行 行	食 밥 식	丿 人 스 숟 숟 食 食
衣 옷 의	丶 一 ナ 才 ヤ 衣	首 머리 수	丶 丷 兰 产 首 首
見 볼 견	丨 冂 目 貝 見	馬 말 마	丨 厂 戶 甲 馬 馬
角 뿔 각	丿 丷 广 力 角 角 角	骨 뼈 골	一 冂 冃 骨 骨 骨
言 말씀 언	一 二 三 言	高 높을 고	一 二 亠 户 高 高 高
谷 골 곡	丿 丷 父 父 谷 谷	鬥 싸울 투	丨 卩 門 鬥
豆 콩 두	一 丆 丽 豆 豆	鬼 귀신 귀	丿 白 申 申 鬼 鬼
豕 돼지 시	一 丆 丏 豕 豕 豕	魚 고기 어	丿 广 冎 角 角 魚
貝 조개 패	丨 冂 目 目 貝	鳥 새 조	丿 丨 冂 户 鳥 鳥
赤 붉을 적	一 十 土 方 赤 赤	麻 삼 마	一 广 广 床 府 麻
走 달릴 주	一 十 丰 丰 丰 走 走	黃 누를 황	一 廾 廾 若 黃 黃
足 발 족	丨 口 口 口 足 足	黍 기장 서	二 千 禾 禾 禾 黍 黍
身 몸 신	丿 丨 冂 自 身 身	黑 검을 흑	丨 口 四 甲 里 黑
車 수레 차	一 丆 币 百 亘 車	鼻 코 비	丿 白 自 畠 鼻 鼻
酉 닭 유	一 丅 丙 丙 西 酉	齊 가지런할 제	一 十 广 产 产 齊 齊
辛 매울 신	一 二 立 立 辛 辛	齒 이 치	一 丨 凵 共 齒 齒
辰 별 진	一 厂 厂 辰 辰 辰	龍 용 룡	亠 立 产 产 龍 龍 龍

특허한자교정틀에서 바로잡는
한자쓰기교정의 정석

1주

 글씨교정 성공을 위한 특허교재 활용법

1. 글씨교정을 반드시 성공하는 활용법
본 특허교재로 글씨교정을 성공하려면 반드시 매주 첨삭지도평가에 합격하고 다음 단계를 이수하여야 글씨교정성공의 결과물을 얻을 수 있습니다.

2. 매일 1~2시간 정도 꾸준히 글씨교정하기
불규칙적인 글씨교정연습은 글씨교정이 잘 되지 않아서 원상태의 악필로 되돌아 가는 원인이 됩니다.

1주 도전 1회

진단평가용 글씨체기록표

1. 회원님의 글씨교정전 글씨체로 작성해서 팩스나 우편 또는 스캔, 디카, 휴대폰카메라 등을 이용한 회원은 이메일로 첨부파일로 반드시 보내주시기 바랍니다.
2. 회원님의 신상정보 보호를 위해 글씨체 기록표는 이름 이외에는 타인에게 절대로 공개되지 않습니다.

작성일자 : 20   년   월   일

이름	나이	대상	전화·휴대폰	이메일
(남·여)	세	□초 □중 □고 □성인 상세히: 학년		
주소				

회원님이 평소에 쓰던 글씨체로 [보기]의 한자를 빈 줄칸에 꼭 작성 합시다.

金屬	南北	女傑	①
昨年	大義	韓服	②
親兄	火爐	物件	③
事物	方法	五倫	④

※ 질문사항 :

● 보내실 곳

팩 스 031-798-4663 / 이메일 glssi@naver.com

(우) 448-971
경기도 용인시 수지구 죽전1동 1650 새터마을 죽전힐스테이트 713-104 바른글씨 앞

1주 도전 1회

차트체 선긋기 방법

▶ 한자교정의 기본 원칙은 정성과 반복연습입니다.
▶ 화살표 방향으로 기본 선긋기의 글씨교정선틀에 정확하게 맞추어 씁시다.

한자 선긋기 방법	점선을 따라 길게 써 봅시다.
경사선 ↗ **가로획(경사선) 쓰기**	교정틀에 있는 굵은 선을 따라서 써 봅시다. 1. 모든 한자 쓰기는 한자교정선틀에 정확하게 맞추어 씁시다. 2. 왼쪽에서 오른쪽으로 처음부터 끝까지 일정한 힘을 주어서 씁시다.
수직선 ↓ **세로획(수직선) 쓰기**	위에서 아래로 처음부터 끝까지 일정한 힘으로 내려긋기 합시다.
삐침 **위에서 왼쪽 아래로 곡선긋기**	왼쪽으로 쓰는 곡선은 위에서 왼쪽 아래로 쓰며 처음부터 끝까지 일정한 힘으로 내려긋기 합시다.
파임 **위에서 오른쪽 아래로 곡선긋기**	오른쪽으로 쓰는 곡선은 위에서 오른쪽 아래로 쓰며 처음부터 끝까지 일정한 힘으로 내려긋기 합시다.

✎ 선을 길게 쓰면 일정한 필력으로 눌러서 쓰듯이 긴 선을 쓰는 방법과 같이해야 바른 형태의 한자교정으로 이루어집니다.

1주 도전 1회

기본 선긋기 방법

▶ 한자교정의 기본 원칙은 정성과 반복연습입니다.
▶ 화살표 방향으로 기본 선긋기를 한자교정선틀에 정확하게 맞추어 씁시다.

기본 선긋기 방법	왼쪽의 기본 선긋기 방법을 똑같이 따라서 써 봅시다.
가로획(경사선) 쓰기	교정틀에 있는 굵은 선을 따라서 써 봅시다.
세로획(수직선) 쓰기	
위에서 왼쪽 아래로 곡선긋기	
위에서 오른쪽 아래로 곡선긋기	

1주 도전 2회

교정시간 | 10분 | 15분 | 20분 | 기타   분

한자차트체 부수 기본 연습

▶ 한자교정선틀에서 비율과 크기에 맞게 써 봅시다.

▶ 한자차트체에서 모든 획(선)은 직선으로 경사방향으로 올려 쓰며 삐침획(╱)은 곡선으로, 파임획(╲)은 직선 또는 곡선으로 씁시다.

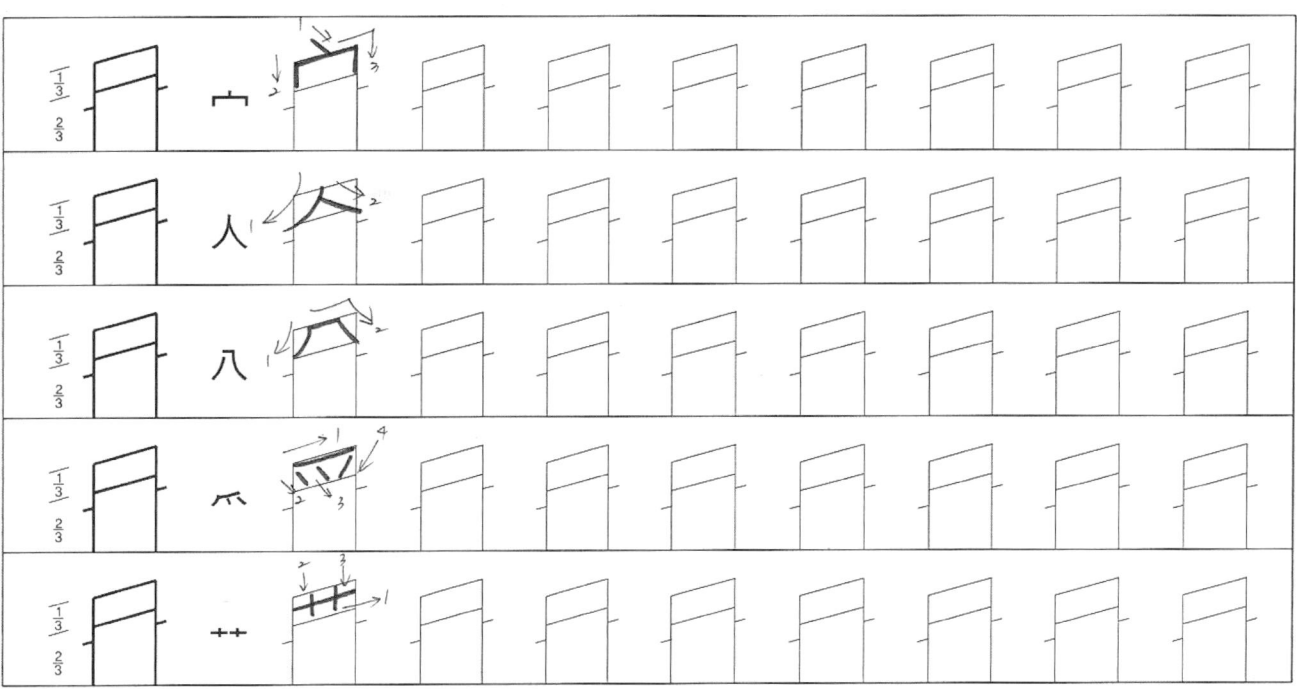

1주 도전 2회

교정시간 | 10분 | 15분 | 20분 | 기타 분

한자차트체 부수 기본 연습

▶ 한자교정선틀에서 비율과 크기에 맞게 써 봅시다.

▶ 한자차트체에서 모든 획(선)은 직선으로 경사방향으로 올려 쓰며 삐침획(╱)은 곡선으로, 파임획(╲)은 직선 또는 곡선으로 씁시다.

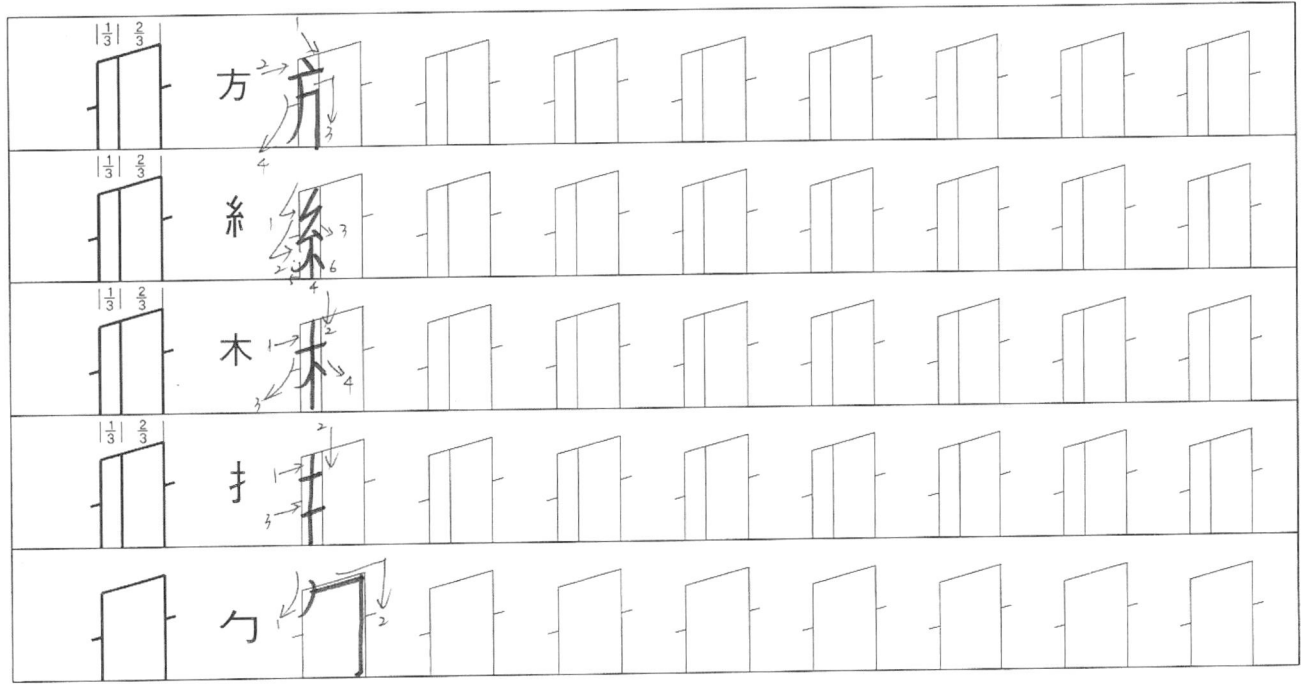

25

1주 도전 3회

한자쓰기의 기본 원칙

▶ 한자쓰기는 절대적인 기준이나 규칙은 아니지만 오랜 세월과 경험을 통해서 편리하도록 쉽게 쓰도록 만든 것입니다.

▶ 한자는 획이 많기 때문에 쓰는 순서가 틀리면 한자가 예쁜 모양으로 만들어지지 않습니다. 한자를 쓸 때 어느 획부터 써야 할지 모를 때에는 한자쓰기의 기본 원칙에 따라 필순으로 쓰면 한자의 모양과 짜임새가 일정하게 되어 예쁘게 교정이 됩니다.

☑ 꼭 기억하기 (한자쓰기의 기본원칙 순서)
1. 위에서 아래로 쓴다. (석삼 三, 말씀언 言)
2. 왼쪽에서 오른쪽으로 쓴다. (내천 川)
3. 가로획과 세로획이 교차되면 가로획을 먼저 쓴다. (열십 十)
4. 가로획과 세로획이 교차되지 않으면 세로획을 먼저 쓴다. (눈목 目)
5. 둘러싼 획은 바깥부터 쓰고 가장 밑 부분의 획은 맨 나중에 쓴다. (돌아올회 回)
6. 대칭이 되는 한가운데의 획은 먼저 쓴다. (물수 水, 예외 화 火)
7. 글자 전체를 꿰뚫는 세로획은 맨 나중에 쓴다. (가운데중 中, 수레거차 車)
8. 삐침과 파임이 있을 때는 삐침을 먼저 쓴다. (사람인 人)
9. 삐침을 먼저 쓰는 것과 나중에 쓰는 것
    가. 먼저 쓰는 것 (아홉구 九)
    나. 나중에 쓰는 것 (힘력 力, 모방 方)
10. 오른쪽 위의 점은 맨 나중에 쓴다. (대신할대 代)
11. 받침은 두 가지의 경우가 있다.
    가. 받침이 독립자로 쓰이면 먼저 쓴다. (일어날기 起)
    나. 받침이 독립자로 쓰이지 않으면 나중에 쓴다. (길도 道)

기본원칙의 한자 써보기

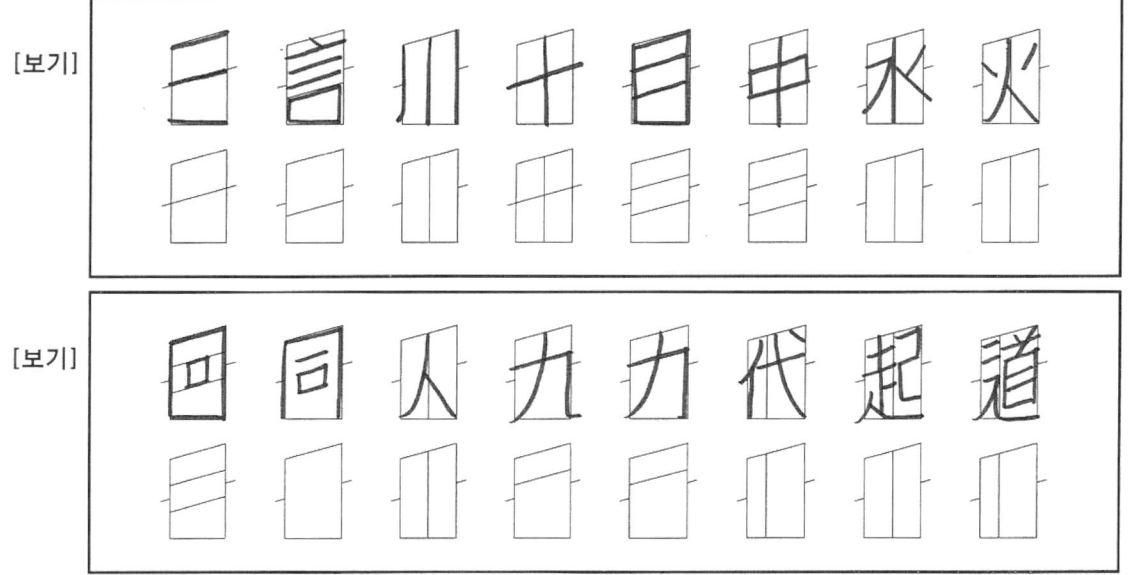

[보기]

[보기]

한자교정선틀

▶ 쓰기 어렵고 많은 획으로 이루어진 한자를 일정한 획의 간격과 비율로 분해된 한자교정틀에서 한자를 쉽게 교정합시다.

1주 8급 도전 3회

교정시간 | 10분 | 15분 | 20분 | 기타 분

▶ 한자교정선틀에서 비율과 크기에 맞게 써 봅시다.

| 金 | 쇠 금, 성 김
金부0획
(총8획) | | | | | | | | | | |

| 南 | 남녘 남
十부7획
(총9획) | | | | | | | | | | |

| 女 | 계집 녀
女부0획
(총3획) | | | | | | | | | | |

| 年 | 해 년
干부3획
(총6획) | | | | | | | | | | |

| 大 | 큰 대
大부0획
(총3획) | | | | | | | | | | |

금속 [金屬] 쇠붙이
남북 [南北] 남쪽과 북쪽
여걸 [女傑] 호걸스러운 여자

작년 [昨年] 지난해
대망 [大望] 큰 희망
대의 [大義] 마땅히 행해야 할 의리

| 校 | 학교 교
木부6획
(총14획) | | | | | | | | | | |

| 敎 | 가르칠 교
攵부7획
(총11획) | | | | | | | | | | |

| 九 | 아홉 구
乙부1획
(총2획) | | | | | | | | | | |

| 國 | 나라 국
口부8획
(총11획) | | | | | | | | | | |

| 軍 | 군사 군
車부2획
(총9획) | | | | | | | | | | |

학교 [學校] 학생을 가르치는 교육기관
교실 [敎室] 학교에서 학습이나 기예 활동을 배우는 방
교양 [敎養] 학문, 지식 등에 의한 수양

구월 [九月] 열두 달 가운데 아홉째 달
국민 [國民] 국가를 구성하는 사람
군인 [軍人] 육·해·공군의 장병의 총칭

1주 8급 도전 4회

교정시간 | 10분 | 15분 | 20분 | 기타   분

▶ 한자교정선틀에서 비율과 크기에 맞게 써 봅시다.

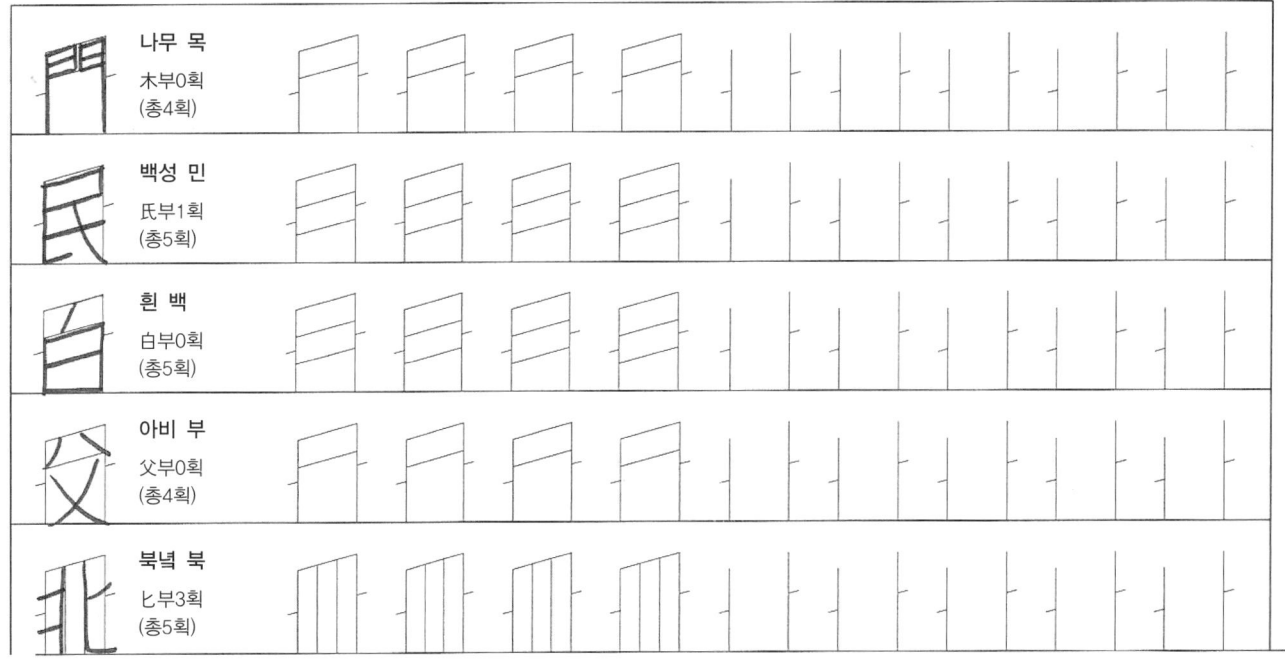

東	동녘 동 木부4획 (총8획)
六	여섯 륙 八부2획 (총4획)
萬	일만 만 艹부9획 (총13획)
母	어머니 모 母부0획 (총5획)
木	나무 목 木부0획 (총4획)

동해 [東海] 동쪽에 있는 바다
유월 [六月] 열두 달 가운데 여섯째 달
만고 [萬苦] 온갖 괴로움

모친 [母親] 어머니
모녀 [母女] 어머니와 딸
목석 [木石] 나무와 돌

門	나무 목 木부0획 (총4획)
民	백성 민 氏부1획 (총5획)
白	흰 백 白부0획 (총5획)
父	아비 부 父부0획 (총4획)
北	북녘 북 匕부3획 (총5획)

입문 [入門] 학문에 처음 들어섬
농민 [農民] 농업을 생업으로 삼는 사람
고백 [告白] 숨겼던 일을 털어 놓고 말함

부녀 [父女] 아버지와 딸
숙부 [叔父] 작은 아버지
북극 [北極] 자침이 가리키는 북쪽 끝

1주 8급 도전 4회

교정시간 | 10분 | 15분 | 20분 | 기타   분

▶ 한자교정선틀에서 비율과 크기에 맞게 써 봅시다.

四	넉 사 口부2획 (총5획)
山	뫼 산 山부0획 (총3획)
三	석 삼 一부2획 (총3획)
生	날 생 生부0획 (총5획)
西	서녘 서 西부0획 (총6획)

사방 [四方] 동, 서, 남, 북 네 방위
청산 [靑山] 풀과 나무가 무성한 푸른 산
산맥 [山脈] 길게 이어 뻗은 산줄기

삼분 [三分] 셋으로 나눔
생활 [生活] 일정한 환경에서 활동하며 살아감
서풍 [西風] 서쪽에서 불어오는 바람

先	먼저 선 儿부4획 (총6획)
小	작을 소 小부0획 (총3획)
水	물 수 水부0획 (총4획)
室	집 실 宀부6획 (총9획)
十	열 십 十부0획 (총2획)

선배 [先輩] 자기보다 먼저 들어간 사람
소매 [小賣] 소비자에게 직접 팖
수영 [水泳] 물속을 헤엄치는 일

실내 [室內] 방이나 건물 따위의 안
특실 [特室] 특등실
십분 [十分] 아주 충분히

8급 도전 5회

교정시간　10분　15분　20분　기타　　분

▶ 한자교정선틀에서 비율과 크기에 맞게 써 봅시다.

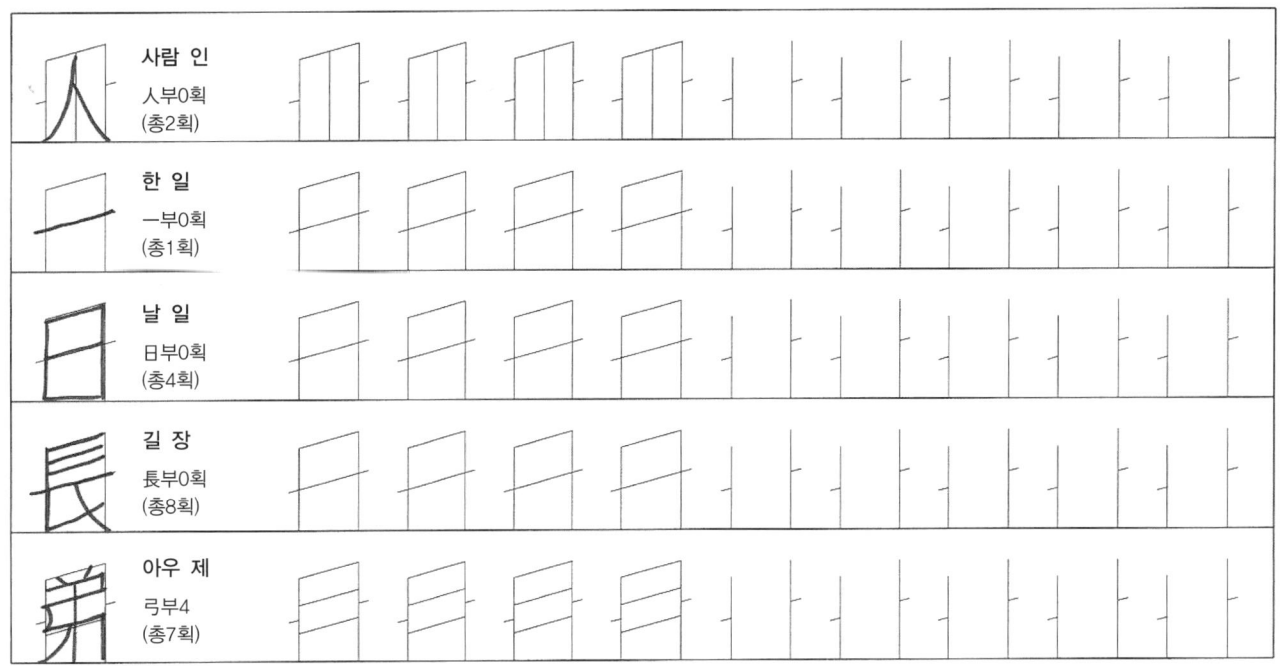

오륜 [五倫] 유교에서 다섯 가지 인륜
국왕 [國王] 나라의 임금
제외 [除外] 범위밖에 두어 빼어 놓음

외적 [外的] 외부적인 것
월말 [月末] 그달의 끝 무렵
이인 [二人] 부모

인간 [人間] 사람으로 됨됨이
일념 [一念] 일에 온 정성을 쏟음
내일 [來日] 오늘의 바로 다음날

일출 [日出] 해가 뜸
장수 [長壽] 오래도록 삶
형제 [兄弟] 형과 아우

1주 8급 도전 5회

교정시간 | 10분 | 15분 | 20분 | 기타   분

▶ 한자교정선들에서 비율과 크기에 맞게 써 봅시다.

中	가운데 중 丨부3획 (총4획)
靑	푸를 청 靑부0획 (총8획)
寸	마디 촌 寸부0획 (총3획)
七	일곱 칠 一부1획 (총2획)
土	흙 토 土부0획 (총3획)

적중 [的中] 예상이나 목표가 꼭 들어맞음
청천 [靑天] 푸른 하늘
촌수 [寸數] 친족관계를 나타내는 수

칠석 [七夕] 음력 칠월 초이렛날의 밤
토지 [土地] 사람의 생활과 활동에 이용하는 땅
토양 [土壤] 식물을 자라게 할 수 있는 흙

八	여덟 팔 八부0획 (총2획)
學	배울 학 子부13획 (총16획)
韓	나라 한 韋부8획 (총17획)
兄	맏 형 儿부3획 (총5획)
火	불 화 火부0총 (획4획)

팔도 [八道] 우리나라 전체
학기 [學期] 한 학년의 수업기간을 나눈 기간
학명 [學名] 동식물 따위의 세계 공통적인 이름

한복 [韓服] 우리나라의 고유한 옷
친형 [親兄] 같은 부모에게서 난 형
화로 [火爐] 숯불을 담아 놓는 그릇

1주 글씨교정평가 보내기

1. 반드시 첨삭지도용을 보내서 매주 첨삭지도평가에 합격하고 다음 단계를 이수하여야 합니다.
2. 매주 첨삭지도용을 작성해서 팩스나 우편 또는 스캔, 디카, 휴대폰카메라 등을 이용한 회원은 홈페이지 고객센터로 첨부파일을 반드시 보내주시기 바랍니다.
3. 보내주신 첨삭지도용 글씨교정평가를 바른글씨 홈페이지 고객센터게시판에서 꼭 확인하시기 바랍니다.

교정시간 | 10분 | 15분 | 20분 | 기타 분

四	넉 사 口부2획 (총5획)									
山	뫼 산 山부0획 (총3획)									
三	석 삼 一부2획 (총3획)									
生	날 생 生부0획 (총5획)									
西	서녘 서 西부0획 (총6획)									

先	먼저 선 儿부4획 (총6획)									
小	작을 소 小부0획 (총3획)									
水	물 수 水부0획 (총4획)									
室	집 실 宀부6획 (총9획)									
十	열 십 十부0획 (총2획)									

첨삭지도평가
FAX:031-898-4663
glssi@naver.com

↱ 절취선을 따라 깔끔하게 찢어주세요

1주 첨삭지도용

최재필의 특허 한자쓰기교정의 정석

1주 글씨교정평가 보내기

1. 반드시 첨삭지도용을 보내서 매주 첨삭지도평가에 합격하고 다음 단계를 이수하여야 합니다.
2. 매주 첨삭지도용을 작성해서 팩스나 우편 또는 스캔, 디카, 휴대폰카메라 등을 이용한 회원은 홈페이지 고객센터로 첨부파일을 반드시 보내주시기 바랍니다.
3. 보내주신 첨삭지도용 글씨교정평가를 바른글씨 홈페이지 고객센터게시판에서 꼭 확인하시기 바랍니다.

교정시간 | 10분 | 15분 | 20분 | 기타   분

校	학교 교 木부6획 (총14획)
敎	가르칠 교 攵부7획 (총11획)
九	아홉 구 乙부1획 (총2획)
國	나라 국 囗부8획 (총11획)
軍	군사 군 車부2획 (총9획)

金	쇠 금, 성 김 金부0획 (총8획)
南	남녘 남 十부7획 (총9획)
女	계집 녀 女부0획 (총3획)
年	해 년 干부3획 (총6획)
大	큰 대 大부0획 (총3획)

첨삭지도평가
FAX:031-898-4663
glssi@naver.com

특허한자교정틀에서 바로잡는
한자쓰기교정의 정석

2주

 글씨교정 성공을 위한 특허교재 활용법

1. 글씨교정을 반드시 성공하는 활용법
본 특허교재로 글씨교정을 성공하려면 반드시 매주 첨삭지도평가에 합격하고 다음 단계를 이수하여야 글씨교정성공의 결과물을 얻을 수 있습니다.

2. 매일 1~2시간 정도 꾸준히 글씨교정하기
불규칙적인 글씨교정연습은 글씨교정이 잘 되지 않아서 원상태의 악필로 되돌아가는 원인이 됩니다.

2주 7급 도전 7회

교정시간 | 10분 | 15분 | 20분 | 기타   분

▶ 한자교정선틀에서 비율과 크기에 맞게 써 봅시다.

家	집 가 宀부7획 (총10획)
歌	노래 가 欠부10획 (총14획)
間	사이 간 門부4획 (총12획)
江	강 강 氵부3획 (총6획)
車	수레 거 (차) 車부0획 (총7획)

가풍 [家風] 한 집안의 풍습이나 범절
가요 [歌謠] 민요, 동요, 유행가 따위의 노래
시간 [時間] 시각과 시각까지의 사이
강변 [江邊] 강가
한강 [漢江] 우리나라 중부를 흐르는 강
차량 [車輛] 여러 가지 수레의 총칭

工	장인 공 工부0획 (총3획)
空	빌 공 穴부3획 (총8획)
口	입 구 口부0획 (총3획)
氣	기운 기 气부6획 (총10획)
記	기록할 기 言부3획 (총10획)

공장 [工場] 물품을 생산하는 곳
공간 [空間] 아무것도 없는 빈 곳
출구 [出口] 밖으로 나갈 수 있는 통로
출원 [出願] 기관에 원서를 냄
객기 [客氣] 객쩍게 부리는 혈기나 용기
기억 [記憶] 잊지 않고 기억을 해 둠

 **7급 도전 7회**

교정시간 | 10분 | 15분 | 20분 | 기타 분

▶ 한자교정선틀에서 비율과 크기에 맞게 써 봅시다.

旗	기 기 方부10획 (총14획)
男	사내 남 田부2획 (총7획)
內	안 내 入부2획 (총4획)
農	농사 농 辰부6획 (총13획)
答	대답할 답 竹부6획 (총12획)

국기 [國旗] 나라를 상징하는 기
남매 [男妹] 오빠와 누이
내부 [內部] 안쪽의 부분

내연 [內緣] 법적 절차를 거치지 않은 혼인
부농 [富農] 수입이 많은 농가나 농민
답변 [答辯] 물음에 대하여 밝혀 대답함

道	길 도 辶부9획 (총13획)
同	한가지 동 口부3획 (총6획)
冬	겨울 동 冫부3획 (총5획)
洞	마을 동 氵부6획 (총9획)
動	움직일 동 力부9획 (총11획)

도덕 [道德] 스스로 지켜야 할 행동의 총체
동시 [同時] 같은 때나 시기
동지 [冬至] 이십사절기의 하나

동리 [洞里] 지방행정구역의 동과 리 총칭
동구 [洞口] 동네 어귀
동작 [動作] 몸이나 손발 따위를 움직임

2주 7급 도전 8회

교정시간 | 10분 | 15분 | 20분 | 기타 분

▶ 한자교정선틀에서 비율과 크기에 맞게 써 봅시다.

登	오를 등 癶부7획 (총12획)
來	올 래 人부6획 (총8획)
力	힘 력 力부0획 (총2획)
老	늙을 로 老부0획 (총6획)
里	마을 리 里부0획 (총7획)

등용 [登用] 인재를 뽑아서 씀
왕래 [往來] 오고 가고 함
실력 [實力] 실제로 갖추고 있는 힘

노년 [老年] 나이가 들어 늙은 때
이장 [里長] 리를 대표하여 일을 보는 사람
십리 [十里] 열 리. 보통 4km 거리를 말함

林	수풀 림 木부4획 (총8획)
立	설 립 立부0획 (총5획)
每	매양 매 毋부3획 (총7획)
面	얼굴 면 面부0획 (총9획)
名	이름 명 口부3획 (총6획)

산림 [山林] 산과 숲
입장 [立場] 당면하고 있는 상황
매사 [每事] 하나하나의 모든 일

매번 [每番] 번번이
직면 [直面] 직접 어떤 일을 접함
명분 [名分] 명목상 마땅히 지켜야 할 도리

2주 7급 도전 8회

교정시간 | 10분 | 15분 | 20분 | 기타   분

▶ 한자교정선틀에서 비율과 크기에 맞게 써 봅시다.

命	목숨 명 口부5획 (총8획)
文	글월 문 文부0획 (총4획)
問	물을 문 口부8획 (총11획)
物	물건 물 牛부4획 (총8획)
方	모 방 方부0획 (총4획)

운명 [運命] 사람이 타고 났다는 길흉화복
문헌 [文獻] 자료가 되는 서적이나 문서
질문 [質問] 모르거나 의심나는 점을 물음
물건 [物件] 형체를 갖춘 모든 물품
사물 [事物] 일과 물건을 아울러 이르는 말
방법 [方法] 일을 처리하는 수단이나 방식

百	일백 백 白부1획 (총6획)
夫	아비 부 父부0획 (총4획)
不	아닐 불 一부3획 (총4획)
事	일 사 亅부7획 (총8획)
算	셈할 산 竹부8획 (총14획)

백계 [百計] 여러 가지의 꾀
부군 [夫君] 남의 남편을 높여 이르는 말
부도 [不渡] 어음이나 수표의 효력을 상실함
무사 [無事] 아무런 일이 없음
만사 [萬事] 여러 가지 온갖 일
암산 [暗算] 머리만으로 계산함

2주 7급 도전 9회

교정시간 | 10분 | 15분 | 20분 | 기타   분

▶ 한자교정선틀에서 비율과 크기에 맞게 써 봅시다.

上	윗 상 一부2획 (총3획)
色	빛 색 色부0획 (총6획)
夕	저녁 석 夕부0획 (총3획)
姓	성 성 女부5획 (총8획)
世	인간 세 一부4획 (총5획)

상하 [上下] 위와 아래
상류 [上流] 물의 근원이 되는 곳의 부근
안색 [顔色] 얼굴빛

석간 [夕刊] 저녁 때 간행되는 신문
성함 [姓銜] 성명의 높임말
세계 [世界] 지구상의 모든 나라

少	적을 소 小부1획 (총4획)
所	바 소 戶부4획 (총8획)
手	손 수 手부0획 (총4획)
數	셈 수 攴부11획 (총15획)
市	저자 시 巾부2획 (총5획)

소립 [小粒] 아주 작은 알갱이
소위 [所謂] 이른바
수첩 [手帖] 간단한 내용을 기록하는 작은 공책

산수 [算數] 기초, 초보적인 셈법
운수 [運數] 인력을 초월한 천운과 기수
시장 [市場] 상품을 사고파는 일정한 장소

2주 7급 도전 9회

교정시간 | 10분 | 15분 | 20분 | 기타   분

▶한자교정선틀에서 비율과 크기에 맞게 써 봅시다.

時	때 시 日부6획 (총10획)
食	먹을 식 食부0획 (총9획)
植	심을 식 木부8획 (총12획)
心	마음 심 心부0획 (총4획)
安	편안할 안 宀부3획 (총6획)

시국 [時局] 현재 당면한 정세나 대세
식품 [食品] 사람이 일상적으로 섭취하는 음식물
식수 [植樹] 나무를 심음
식물 [植物] 생물계의 두 갈래 가운데 하나
심리 [心理] 마음의 작용과 의식의 상태
안녕 [安寧] 편안하여 걱정이 없음

語	말씀 어 言부7획 (총14획)
然	그럴 연 灬부8획 (총12획)
午	낮 오 十부2획 (총4획)
右	오른쪽 우 口부2획 (총5획)
有	있을 유 月부2획 (총6획)

언어 [言語] 의사 전달 수단으로서 말
자연 [自然] 인공을 가하지 않은 상태
오찬 [午餐] 제대로 격식을 갖춘 점심식사
우측 [右側] 오른쪽
우파 [右派] 같은 정당 안에서의 보수파
유명 [有名] 이름이 널리 알려져 있음

2주 7급 도전 10회

교정시간 | 10분 | 15분 | 20분 | 기타 분

▶ 한자교정선틀에서 비율과 크기에 맞게 써 봅시다.

育	기를 육 月부4획 (총8획)
邑	고을 읍 邑부0획 (총7획)
入	들 입 入부0획 (총2획)
自	스스로 자 自부0획 (총6획)
子	아들 자 子부0획 (총3획)

발육 [發育] 생물체가 자라 남
육성 [育成] 길러 자라게 함
읍촌 [邑村] 읍에 속한 마을

가입 [加入] 조직이나 단체 따위에 들어감
자아 [自我] 자기 자신에 대한 의식이나 관념
자식 [子息] 아들과 딸

字	글자 자 子부3획 (총6획)
場	마당 장 土부9획 (총12획)
電	번개 전 雨부5획 (총13획)
全	온전할 전 入부4획 (총6획)
前	앞 전 刂부7획 (총9획)

약자 [略字] 획수를 생략하여 간략히 쓴 글자
광장 [廣場] 넓은 마당
전기 [電氣] 물체의 마찰로 일어나는 현상

완전 [完全] 모두 갖추어서 모자람이나 흠이 없음
전례 [前例] 이전부터 있었던 사례
전방 [前方] 앞쪽

2주 7급 도전 10회

교정시간 | 10분 | 15분 | 20분 | 기타 분

▶ 한자교정선틀에서 비율과 크기에 맞게 써 봅시다.

	바를 정	止부1획 (총5획)
	할아비 조	示부5획 (총10획)
	발 족	足부0획 (총7획)
	왼 좌	工부2획 (총5획)
	주인 주	ㆍ부4획 (총5획)

정직 [正直] 거짓이나 꾸밈이 없이 바르고 곧음
선조 [先祖] 먼 윗대의 조상
부족 [不足] 넉넉하지 못함
족하 [足下] 편지에 쓰는 존칭어
좌천 [左遷] 낮은 자리로 외직으로 전근됨
군주 [君主] 임금. 군왕

	살 주	亻부5획 (총7획)
	무거울 중	里부2획 (총9획)
	종이 지	糸부4획 (총10획)
	땅 지	土부3획 (총6획)
	곧을 직	目부3획 (총8획)

주거 [住居] 일정한 곳에 머물러 삶
주민 [住民] 일정한 지역에 살고 있는 사람
중복 [重複] 거듭하거나 겹침
파지 [破紙] 못쓰게 된 종이
지역 [地域] 일정한 땅의 구역
직접 [直接] 바로 연결되어 맞닿음

2주 7급 도전 11회

교정시간 | 10분 | 15분 | 20분 | 기타 　분

▶ 한자교정선틀에서 비율과 크기에 맞게 써 봅시다.

川	내 천 川부0획 (총3획)									
千	일천 천 十부1획 (총3획)									
天	하늘 천 大부1획 (총4획)									
草	풀 초 艹부6획 (총10획)									
村	마을 촌 木부3획 (총7획)									

천변 [川邊] 냇물의 주변
천만 [千萬] 아주 많은 수효
천적 [天敵] 상대방을 멸망시키는 존재
초목 [草木] 풀과 나무
농촌 [農村] 농업에 종사하는 마을이나 지역
산촌 [山村] 산속에 있는 마을

秋	가을 추 禾부4획 (총9획)									
春	봄 춘 日부5획 (총9획)									
出	날 출 凵부3획 (총5획)									
便	편할 편 亻부7획 (총9획)									
平	평평할 평 干부2획 (총5획)									

추석 [秋夕] 팔월 한가위
회춘 [回春] 봄이 다시 돌아옴
출발 [出發] 목적지를 향하여 나아감
출처 [出處] 사물이 생기거나 나온 근거
간편 [簡便] 간단하고 편리함
평형 [平衡] 사물이 한쪽으로 치우지지 않음

2주 7급 도전 11회

교정시간 | 10분 | 15분 | 20분 | 기타   분

▶ 한자교정선틀에서 비율과 크기에 맞게 써 봅시다.

下	아래 하 一부2획 (총3획)
夏	여름 하 夊부7획 (총10획)
漢	한수 한 氵부11획 (총13획)
海	바다 해 氵부7획 (총10획)
話	이야기 화 言부6획 (총13획)

하숙 [下宿] 일정 기간 남의 집에 숙식함
하지 [夏至] 이십사절기의 하나. 양력 6월 21일경
한강 [漢江] 우리나라 중부를 흐르는 강
해변 [海邊] 바닷가
화술 [話術] 말재주
담화 [談話] 서로 이야기를 주고받음

花	꽃 화 ⺾부4획 (총8획)
活	살 활 氵부6획 (총9획)
孝	효도 효 子부4획 (총7획)
後	뒤 후 彳부6획 (총9획)
休	쉴 휴 亻부4획 (총6획)

화분 [花盆] 꽃을 심어 가꾸는 그릇
생활 [生活] 일정한 환경에서 활동하며 살아감
효성 [孝誠] 부모를 섬기는 정성
후세 [後世] 다음세상
휴식 [休息] 무슨 일을 하다가 쉼
휴가 [休暇] 일정한 기간 동안 쉬는 일

2주 글씨교정평가 보내기

1. 반드시 첨삭지도용을 보내서 매주 첨삭지도평가에 합격하고 다음 단계를 이수하여야 합니다.
2. 매주 첨삭지도용을 보내서 매주 첨삭지도평가에 합격하고 다음 단계를 이수하여야 합니다. 첨부파일을 반드시 보내주시기 바랍니다.
3. 보내주신 첨삭지도용 글씨교정평가를 바른글씨 홈페이지 고객센터게시판에서 꼭 확인하시기 바랍니다.

교정시간	10분	15분	20분	기타 분

家	집 가 宀부7획 (총10획)
歌	노래 가 欠부10획 (총14획)
間	사이 간 門부4획 (총12획)
江	강 강 氵부3획 (총6획)
車	수레 거(차) 車부0획 (총7획)

工	장인 공 工부0획 (총3획)
空	빌 공 穴부3획 (총8획)
口	입 구 口부0획 (총3획)
氣	기운 기 气부6획 (총10획)
記	기록할 기 言부3획 (총10획)

첨삭지도평가
FAX:031-898-4663
glssi@naver.com

 첨삭지도용

2주 글씨교정평가 보내기

1. 반드시 첨삭지도용을 보내서 매주 첨삭지도평가에 합격하고 다음 단계를 이수하여야 합니다.
2. 매주 첨삭지도용을 보내서 매주 첨삭지도평가에 합격하고 다음 단계를 이수하여야 합니다.
   첨부파일을 반드시 보내주시기 바랍니다.
3. 보내주신 첨삭지도용 글씨교정평가를 바른글씨 홈페이지 고객센터게시판에서 꼭 확인하시기 바랍니다.

교정시간 10분 15분 20분 기타 분

旗 기 기
方부10획
(총14획)

男 사내 남
田부2획
(총7획)

內 안 내
入부2획
(총4획)

農 농사 농
辰부6획
(총13획)

答 대답할 답
竹부6획
(총12획)

道 길 도
辶부9획
(총13획)

同 한가지 동
口부3획
(총6획)

冬 겨울 동
冫부3획
(총5획)

洞 마을 동
氵부6획
(총9획)

動 움직일 동
力부9획
(총11획)

첨삭지도평가
FAX:031-898-4663
glssi@naver.com

특허한자교정물에서 바로잡는
한자쓰기교정의 정석

3주

 글씨교정 성공을 위한 특허교재 활용법

1. 글씨교정을 반드시 성공하는 활용법
본 특허교재로 글씨교정을 성공하려면 반드시 매주 첨삭지도평가에 합격하고 다음 단계를 이수하여야 글씨교정성공의 결과물을 얻을 수 있습니다.

2. 매일 1~2시간 정도 꾸준히 글씨교정하기
불규칙적인 글씨교정연습은 글씨교정이 잘 되지 않아서 원상태의 악필로 되돌아가는 원인이 됩니다.

3주 6급 도전 13회

교정시간 | 10분 | 15분 | 20분 | 기타   분

▶ 한자교정선틀에서 비율과 크기에 맞게 써 봅시다.

角	뿔 각, 신선이름 록, 꿩우는소리 곡 角부0획 (총7획)
各	각각 각 口부3획 (총6획)
感	느낄 감 心부9획 (총13획)
强	강할 강 弓부9획 (총12획)
開	열 개 門부4획 (총12획)

각막 [角膜] 눈알의 바깥쪽을 둘러싼 투명 막
각도 [角度] 각의 크기
각자 [各自] 따로따로

감각 [感覺] 외부의 자극을 느낌
강세 [强勢] 강한 세력이나 기세
만개 [滿開] 꽃이 활짝 핌

京	서울 경 亠부6획 (총8획)
界	경계 계 田부4획 (총9획)
計	셈할 계 言부2획 (총9획)
高	높을 고 高부0획 (총10획)
苦	괴로울 고 艹부5획 (총9획)

경향 [京鄕] 서울과 지방
세계 [世界] 지구상의 모든 나라
계산 [計算] 수를 헤아림

고위 [高位] 높은 지위
고생 [苦生] 어렵고 고된 일을 겪음
고통 [苦痛] 몸이나 마음의 괴로움과 아픔

 **6급 도전 13회**

▶ 한자교정선틀에서 비율과 크기에 맞게 써 봅시다.

교정시간 | 10분 | 15분 | 20분 | 기타 분

古	옛 고 口부2획 (총5획)
公	공평할 공 八부2획 (총4획)
共	한가지 공 八부4획 (총6획)
功	공 공 力부3획 (총5획)
科	과목 과 禾부4획 (총9획)

고대 [古代] 옛 시대
공익 [公益] 사회 전체의 이익
성공 [成功] 목적하는 바를 이룸
공동 [共同] 여러 사람이 일을 같이 함
과정 [科程] 학과 과정
과목 [科目] 공부할 지식 분야를 갈라놓은 것

果	과실 과 木부4획 (총8획)
光	빛 광 儿부4획 (총6획)
交	사귈 교 亠부4획 (총6획)
區	구분할 구 匸부9획 (총11획)
球	공 구 玉부7획 (총11획)

과즙 [果汁] 과일을 짠 물
광택 [光澤] 물체의 표면에서 반짝거리는 빛
교류 [交流] 서로 주고받음
구역 [區域] 갈라놓은 지역
구분 [區分] 따로따로 갈라 나눔
구형 [球形] 공같이 둥근 형태

3주 6급 도전 14회

교정시간 | 10분 | 15분 | 20분 | 기타   분

▶ 한자교정선틀에서 비율과 크기에 맞게 써 봅시다.

郡	고을 군 阝부7획 (총10획)
近	가까울 근 辶부4획 (총8획)
根	뿌리 근 木부6획 (총10획)
今	이제 금 人부2획 (총4획)
急	급할 급 心부5획 (총9획)

군청 [郡廳] 군의 행정 사무를 맡아보는 기관
근접 [近接] 가까이 닿음
근본 [根本] 사물의 본질이나 본바탕
근원 [根源] 사물이 비롯되는 근본이나 원인
금석 [今昔] 금과 옛날
급변 [急變] 갑자기 달라짐

級	등급 급 糸부4획 (총10획)
多	많을 다 夕부3획 (총6획)
短	짧을 단 矢부7획 (총12획)
堂	집 당 土부8획 (총11획)
代	대신할 대 亻부3획 (총5획)

등급 [等級] 높낮이의 차례
다과 [多寡] 수량의 많고 적음
장단 [長短] 길고 짧음
당숙 [堂叔] 종숙(오촌아저씨)
사당 [祠堂] 조상의 신주를 모셔 놓은 집
대행 [代行] 남을 대신하여 행함

3주 6급 도전 14회

교정시간 | 10분 | 15분 | 20분 | 기타   분

▶ 한자교정선틀에서 비율과 크기에 맞게 써 봅시다.

待	기다릴 대 彳부6획 (총9획)
對	대할 대 寸부11획 (총14획)
度	법도 도 广부6획 (총9획)
圖	그림 도 囗부11획 (총14획)
讀	읽을 독 言부15획 (총22획)

기대 [期待] 이루어지기를 바라고 기다림
대답 [對答] 부르는 말에 응하여 어떤 말을 함
도량 [度量] 너그러운 마음과 깊은 생각
도서 [圖書] 여러 가지 책
도안 [圖案] 미술적으로 생각해 낸 고안
독서 [讀書] 책을 읽음

童	아이 동 立부7획 (총12획)
頭	머리 두 頁부7획 (총16획)
等	무리 등 竹부6획 (총12획)
樂	즐길 락, 풍류 악, 좋을 요 木부11획 (총15획)
例	법식 례 亻부6획 (총8획)

동안 [童顔] 어린아이의 얼굴
두발 [頭髮] 머리털
평등 [平等] 차별이 없이 동등한 등급
등식 [等式] 등호로 연결시킨 관계식
낙관 [樂觀] 모든 사물을 밝고 좋게 봄
범례 [凡例] 일러두기

3주 6급 도전 15회

교정시간 | 10분 | 15분 | 20분 | 기타　분

▶ 한자교정선틀에서 비율과 크기에 맞게 써 봅시다.

禮	예도 례 示부13획 (총8획)
路	길 로(노) 足부6획 (총13획)
綠	푸를 록 糸부8획 (총14획)
理	다스릴 리 王부7획 (총11획)
利	이로울 리 刂부5획 (총7획)

예절 [禮節] 예의에 관한 모든 절차나 질서
노선 [路線] 도로 선로 따위의 교통 길
녹화 [綠化] 나무나 화초를 심어 푸르게 만듦
녹차 [綠茶] 차나무의 잎으로 만든 차
이해 [理解] 사리를 분별하여 해석함
이익 [利益] 유익하고 도움이 됨

李	오얏 리 木3획 (총7획)
明	밝을 명 日부4획 (총8획)
目	눈 목 目부0획 (총5획)
聞	들을 문 耳부8획 (총14획)
米	쌀 미 米부0획 (총6획)

이화 [李花] 자두꽃
명암 [明暗] 밝음과 어두움
목격 [目擊] 눈으로 직접 봄
안목 [眼目] 사물을 보고 분별하는 견식
견문 [見聞] 보고 들음
미곡 [米穀] 쌀

3주 6급 도전 15회

교정시간 | 10분 | 15분 | 20분 | 기타 분

▶ 한자교정틀선에서 비율과 크기에 맞게 써 봅시다.

美	아름다울 미 羊부3획 (총9획)
朴	성 박 木부2획 (총6획)
反	돌이킬 반 又부2획 (총4획)
半	반 반 十부3획 (총5획)
班	나눌 반 玉부6획 (총10획)

찬미 [讚美] 기리어 칭송함
미관 [美觀] 아름다운 광경
순박 [淳朴] 소박하고 순진함

반대 [反對] 두 사물이 맞서 있는 상태
절반 [折半] 하나를 둘로 똑같이 나눔
반장 [班長] 반의 일을 맡아 보는 사람

發	필 발 癶부7획 (총12획)
放	놓을 방 攴부4획 (총8획)
番	차례 번 田부7획 (총12획)
別	다를 별 刂부5획 (총7획)
病	병들 병 疒부5획 (총10획)

만발 [滿發] 꽃이 활짝 다 핌
발사 [發射] 총포, 활 따위를 쏨
추방 [追放] 쫓아냄

당번 [當番] 그 차례가 된 사람
별거 [別居] 따로 떨어져서 살음
병원 [病院] 병을 치료해 주는 곳

3주 6급 도전 16회

교정시간 | 10분 | 15분 | 20분 | 기타   분

▶ 한자교정선틀에서 비율과 크기에 맞게 써 봅시다.

服	옷 복 月부4획 (총8획)
本	근본 본 木부1획 (총5획)
部	나눌 부 阝부8획 (총11획)
分	나눌 분 刀부2획 (총4획)
死	죽을 사 歹부2획 (총6획)

복종 [服從] 남의 명령이나 의사에 좇음
근본 [根本] 사물의 본질이나 본바탕
본질 [本質] 본디부터 갖고 있는 근본적인 본바탕
부류 [部類] 서로 구별되는 특성에 따라 갈린 종류
분리 [分離] 서로 나뉘어 떨어짐
생사 [生死] 삶과 죽음

使	부릴 사 亻부6획 (총8획)
社	모일 사 示부3획 (총8획)
書	글 서 曰부6획 (총10획)
石	돌 석 石부0획 (총5획)
席	자리 석 巾부7획 (총10획)

사용 [使用] 물건을 씀
사회 [社會] 같은 무리끼리 모여 이루는 집단
사설 [社說] 신문 등에 게재한 논설
서예 [書藝] 글씨를 붓으로 쓰는 예술
보석 [寶石] 희귀한 아름다운 광석
석권 [席卷] 무서운 기세로 세력을 펼치거나 휩쓺

3주 6급 도전 16회

교정시간 | 10분 | 15분 | 20분 | 기타 분

▶ 한자교정선틀에서 비율과 크기에 맞게 써 봅시다.

線	줄 선 糸부9획 (총15획)
雪	눈 설 雨부3획 (총11획)
成	이룰 성 戈부3획 (총7획)
省	살필 성 目부4획 (총9획)
消	사라질 소 氵부7획 (총10획)

탈선 [脫線] 말이나 행동이 나쁜 방향으로 빗나감
폭설 [暴雪] 갑자기 많이 내리는 눈
성취 [成就] 목적한 바를 이룸
완성 [完成] 완전히 다 이룸
성찰 [省察] 자기의 마음을 반성하고 살핌
소비 [消費] 돈이나 물건을 써서 없앰

速	빠를 속 辶부7획 (총11획)
孫	손자 손 子부7획 (총10획)
樹	나무 수 木부12획 (총16획)
術	재주 술 行부5획 (총11획)
習	익힐 습 羽부5획 (총11획)

속단 [速斷] 빨리 서둘러 판단해 버림
손녀 [孫女] 아들의 딸
수립 [樹立] 공이나 사업을 이룩하여 세움
기술 [技術] 만들거나 짓거나 하는 재주
복습 [復習] 배운 것을 다시 익혀 공부함
연습 [練習] 익숙하도록 되풀이하여 익힘

3주 6급 도전 17회

교정시간 | 10분 | 15분 | 20분 | 기타   분

▶ 한자교정선들에서 비율과 크기에 맞게 써 봅시다.

勝	이길 승 力부10획 (총12획)
始	비로소 시 女부5획 (총8획)
式	법 식 弋부3획 (총6획)
身	몸 신 身부0획 (총7획)
信	믿을 신 亻부7획 (총9획)

승패 [勝敗] 이김과 짐
시작 [始作] 일이나 행동의 처음 단계
시초 [始初] 맨 처음

의식 [儀式] 행사를 치르는 일정한 법식
신체 [身體] 사람의 몸
신용 [信用] 믿어 의심하지 아니함

神	귀신 신 示부5획 (총10획)
新	새 신 斤부9획 (총13획)
失	잃을 실 大부2획 (총5획)
愛	사랑 애 心부9획 (총13획)
夜	밤 야 夕부5획 (총8획)

신선 [神仙] 선도를 닦아서 도에 통한사람
신록 [新綠] 초여름에 새로 나온 잎의 푸른빛
신선 [新鮮] 새롭고 산뜻함

실수 [失手] 잘못하여 그르침
애정 [愛情] 사랑하는 마음
심야 [深夜] 깊은 밤

3주 6급 도전 17회

교정시간 | 10분 | 15분 | 20분 | 기타 분

▶ 한자교정선틀에서 비율과 크기에 맞게 써 봅시다.

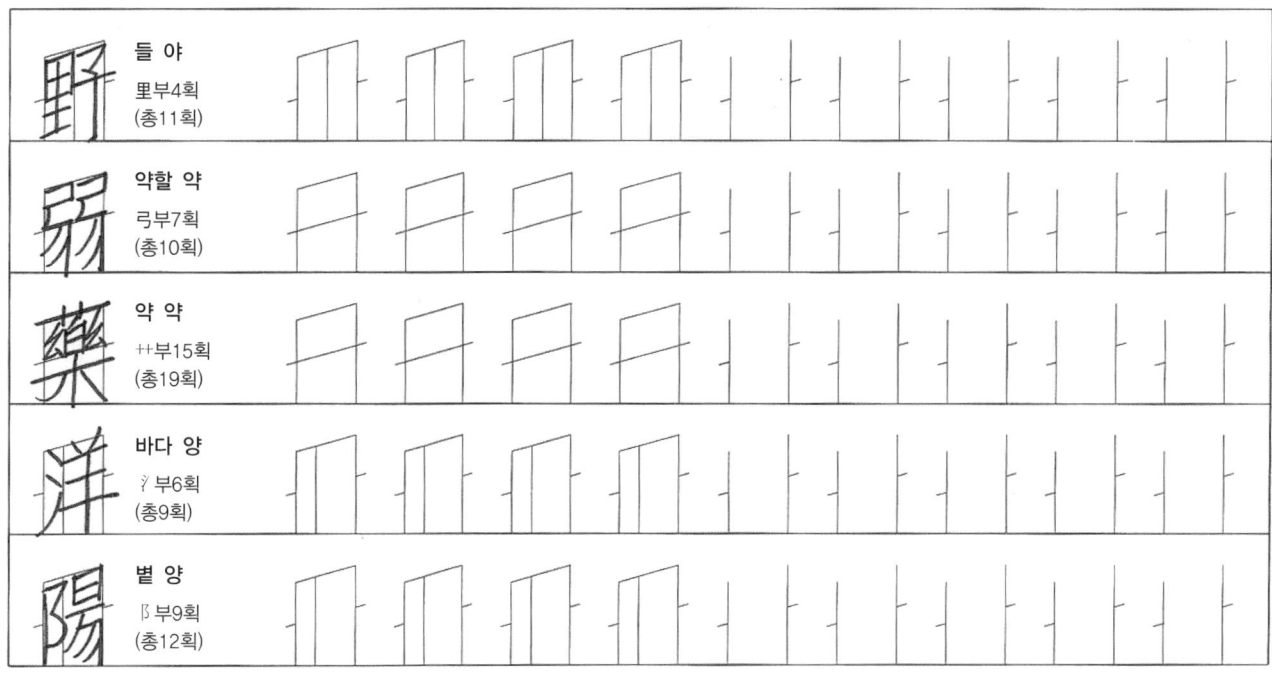

野	들 야 里부4획 (총11획)
弱	약할 약 弓부7획 (총10획)
藥	약 약 艹부15획 (총19획)
洋	바다 양 氵부6획 (총9획)
陽	볕 양 阝부9획 (총12획)

황야 [荒野] 거친 들판
노약 [老弱] 늙은이와 젊은이
약효 [藥效] 약의 효험

약과 [藥果] 감당하기 어렵지 않은 일
대양 [大洋] 아주 넓고 큰 바다
태양 [太陽] 태양계의 중심

言	말씀 언 言부0획 (총7획)
業	업 업 木부9획 (총13획)
永	길 영 水부1획 (총5획)
英	꽃부리 영 艹부5획 (총9획)
溫	따뜻할 온 氵부10획 (총13획)

폭언 [暴言] 난폭하게 하는 말
사업 [事業] 일정한 계획과 목적을 가지고 경영
영구 [永久] 끝없이 오램

영재 [英才] 뛰어난 재주
영웅 [英雄] 재능과 지혜가 비범한 사람
온화 [溫和] 날씨가 맑고 따뜻하며 바람이 부드러움

3주 글씨교정평가 보내기

1. 반드시 첨삭지도용을 보내서 매주 첨삭지도평가에 합격하고 다음 단계를 이수하여야 합니다.
2. 매주 첨삭지도용을 작성해서 팩스나 우편 또는 스캔, 디카, 휴대폰카메라 등을 이용한 회원은 홈페이지 고객센터로 첨부파일을 반드시 보내주시기 바랍니다.
3. 보내주신 첨삭지도용 글씨교정평가를 바른글씨 홈페이지 고객센터게시판에서 꼭 확인하시기 바랍니다.

교정시간 | 10분 | 15분 | 20분 | 기타   분

角	뿔 각, 신선이름 록, 꿩우는소리 곡 角부0획 (총7획)									
各	각각 각 口부3획 (총6획)									
感	느낄 감 心부9획 (총13획)									
強	강할 강 弓부9획 (총12획)									
開	열 개 門부4획 (총12획)									
李	오얏 리 木3획 (총7획)									
明	밝을 명 日부4획 (총8획)									
目	눈 목 目부0획 (총5획)									
聞	들을 문 耳부8획 (총14획)									
米	쌀 미 米부0획 (총6획)									

첨삭지도평가
FAX:031-898-4663
glssi@naver.com

첨삭지도용

3주 글씨교정평가 보내기

1. 반드시 첨삭지도용을 보내서 매주 첨삭지도평가에 합격하고 다음 단계를 이수하여야 합니다.
2. 매주 첨삭지도용을 작성해서 팩스나 우편 또는 스캔, 디카, 휴대폰카메라 등을 이용한 회원은 홈페이지 고객센터로 첨부파일을 반드시 보내주시기 바랍니다.
3. 보내주신 첨삭지도용 글씨교정평가를 바른글씨 홈페이지 고객센터게시판에서 꼭 확인하시기 바랍니다.

교정시간 | 10분 | 15분 | 20분 | 기타 분

禮 예도 례 示부13획 (총8획)

路 길 로(노) 足부6획 (총13획)

綠 푸를 록 糸부8획 (총14획)

理 다스릴 리 玉부7획 (총11획)

利 이로울 리 刂부5획 (총7획)

京 서울 경 亠부6획 (총8획)

界 경계 계 田부4획 (총9획)

計 셈할 계 言부2획 (총9획)

高 높을 고 高부0획 (총10획)

苦 괴로울 고 ++부5획 (총9획)

첨삭지도평가
FAX:031-898-4663
glssi@naver.com

특허한자교정법에서 바로잡는
한자쓰기교정의 정석

4주

 글씨교정 성공을 위한 특허교재 활용법

1. 글씨교정을 반드시 성공하는 활용법
본 특허교재로 글씨교정을 성공하려면 반드시 매주 첨삭지도평가에 합격하고 다음 단계를 이수하여야 글씨교정성공의 결과물을 얻을 수 있습니다.

2. 매일 1~2시간 정도 꾸준히 글씨교정하기
불규칙적인 글씨교정연습은 글씨교정이 잘 되지 않아서 원상태의 악필로 되돌아가는 원인이 됩니다.

4주 6급 도전 19회

교정시간 | 10분 | 15분 | 20분 | 기타 분

▶ 한자교정선틀에서 비율과 크기에 맞게 써 봅시다.

用	쓸 용 用부0획 (총5획)
勇	날랠 용 力부7획 (총9획)
運	옮길 운 辶부9획 (총13획)
園	동산 원 口부10획 (총13획)
遠	멀 원 辶부10획 (총14획)

활용 [活用] 충분히 잘 이용함
이용 [利用] 편리하게 씀
용맹 [勇猛] 용감하고 사나움

운명 [運命] 모든 것을 지배하는 초인간적인 힘
원만 [圓滿] 결함이나 부족함이 없음
원심 [遠心] 중심에서 멀어져 감

由	말미암을 유 田부0획 (총5획)
油	기름 유 氵부획 (5총8획)
銀	은 은 金부6획 (총14획)
音	소리 음 音부0획 (총9획)
飮	마실 음 食부4획 (총13획)

이유 [理由] 까닭이나 근거
유지 [油紙] 기름종이
석유 [石油] 천연그대로의 가연성 기름

은화 [銀貨] 은돈
발음 [發音] 말의 소리를 냄
음식 [飮食] 먹는 것과 마시는 것

▶ 한자교정선틀에서 비율과 크기에 맞게 써 봅시다.

衣	옷 의 衣부 0획 (총6획)
意	뜻 의 心부 9획 (총13획)
醫	의원 의 酉부 11획 (총18획)
者	놈 자 耂부 5획 (총9획)
作	지을 작 亻부 5획 (총7획)

의류 [衣類] 옷 등속의 총칭
의지 [意志] 어떠한 일을 이루고자 하는 마음
의욕 [意欲] 무엇을 하고자 하는 적극적인 마음
의약 [醫藥] 병을 고치는 데 쓰는 약
강자 [强者] 힘이나 세력이 강한 사람
작품 [作品] 만든 물품

昨	어제 작 日부 5획 (총9획)
章	글월 장 立부 6획 (총11획)
才	재주 재 扌부 0획 (총3획)
在	있을 재 土부 3획 (총6획)
戰	싸움 전 戈부 12획 (총16획)

작일 [昨日] 어제
작심 [作心] 마음속으로 맹세함
헌장 [憲章] 약속을 이행하기 위하여 정한 규범
재능 [才能] 재주와 능력
존재 [存在] 사물이 현재 있음
전투 [戰鬪] 병력을 투입하여 싸움

4주 6급 도전 20회

교정시간 | 10분 | 15분 | 20분 | 기타   분

▶ 한자교정선틀에서 비율과 크기에 맞게 써 봅시다.

	정할 정 宀부5획 (총8획)								
定									
庭	뜰 정 广부7획 (총10획)								
第	차례 제 竹부5획 (총11획)								
題	제목 제 頁부9획 (총18획)								
朝	아침 조 月부8획 (총12획)								

결정 [決定] 결단하여 행동을 분명하게 정함
정원 [庭園] 집안에 있는 뜰
제일 [第一] 여럿 가운데서 첫째가는 것

제목 [題目] 겉장에 쓴 책의 이름
조회 [朝會] 구성원이 한자리에 모여 하는 아침 회의
안정 [安定] 마음을 평안하게 자리를 잡음

	겨레 족 方부7획 (총11획)								
族									
注	물댈 주 氵부5획 (총8획)								
晝	낮 주 日부7획 (총11획)								
集	모을 집 隹부4획 (총12획)								
窓	창문 창 穴부6획 (총11획)								

가족 [家族] 한 집에 사는 식구
민족 [民族] 운명을 같이 하는 사람의 집단
주유 [注油] 기름을 넣음

주야 [晝夜] 낮과 밤
집합 [集合] 한 곳으로 모임
창문 [窓門] 벽이나 지붕에 만들어 놓은 문

6급 도전 20회

교정시간 | 10분 | 15분 | 20분 | 기타   분

▶ 한자교정선틀에서 비율과 크기에 맞게 써 봅시다.

淸	맑을 청 氵부8획 (총11획)
體	몸 체 骨부13획 (총23획)
親	친할 친 見부9획 (총16획)
太	클 태 大부1획 (총4획)
通	통할 통 辶부7획 (총11획)

청정 [淸淨] 맑고 깨끗함
청명 [淸明] 이십사절기의 하나. 4월5일 무렵
신체 [身體] 사람의 몸
친절 [親切] 매우 정겹고 인정이 있음
태초 [太初] 하늘과 땅이 생겨난 시초
통달 [通達] 막힘없이 잘 앎

特	특별할 특 牛부6획 (총10획)
表	겉 표 衣부3획 (총8획)
風	바람 풍 風부0획 (총9획)
合	합할 합 口부3획 (총6획)
幸	다행 행 干부5획 (총8획)

특수 [特殊] 특별히 다름
표면 [表面] 바깥 면
태풍 [颱風] 비를 동반하는 거센 바람
결합 [結合] 합쳐서 하나로 뭉침
행운 [幸運] 좋은 운명
행복 [幸福] 복된 좋은 운수요행

4주 6급 도전 21회

교정시간 10분 15분 20분 기타   분

▶ 한자교정선틀에서 비율과 크기에 맞게 써 봅시다.

行	다닐 행 行부 0획 (총 6획)
向	향할 향 口부 3획 (총 6획)
現	나타날 현 玉부 7획 (총 11획)
形	모양 형 彡부 4획 (총 7획)
號	부르짖을 호 虍부 5획 (총 8획)

행동 [行動] 몸을 움직여 동작 함
행방 [行方] 간 곳이나 방향
지향 [志向] 뜻하여 합함
출현 [出現] 나타나서 보이게 됨
형체 [形體] 물건의 생김새나 그 바탕이 되는 몸체
호명 [呼名] 이름을 부름

和	화목할 화 口부 5획 (총 8획)
畫	그림 화 田부 8획 (총 13획)
黃	누를 황 黃부 0획 (총 12획)
會	모일 회 曰부 9획 (총 13획)
訓	가르칠 훈 言부 3획 (총 10획)

조화 [調和] 서로 잘 어울림
화폭 [畫幅] 그림을 그려 놓은 크고 작은 조각
황색 [黃色] 누런색
회의 [會議] 여럿이 모여 의논함
회동 [會同] 같은 목적으로 여러 사람이 한데 모임
교훈 [敎訓] 가르치고 깨우침

숫자교정연습

1. 숫자를 쓸 때에는 교정경사선 방향으로 씁시다.
2. 숫자의 높이를 동일하게 하고 숫자교정선틀에 맞게 씁시다.
3. 4,7자의 두 세로획은 교정경사선 방향으로 평행이 되도록 쓰고 2,4,5,7자의 가록획은 기준선 방향으로 수평이 되도록 씁시다.
4. 3,8자는 위, 아래 획의 크기를 같게 씁시다.

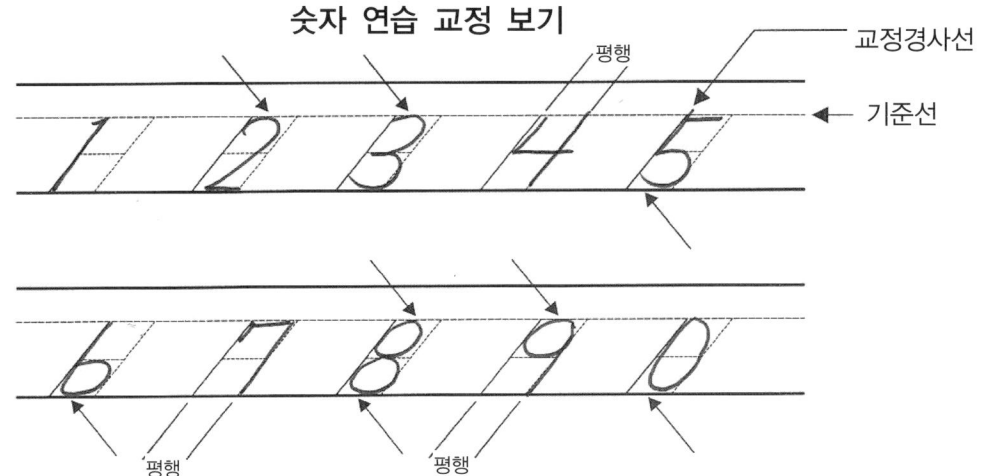

화살표 방향은 숫자의 곡선부분으로 달걀모양의 타원형 곡선으로 적용해서 씁시다.

▶ 숫자를 숫자교정선틀에 바르게 써 봅시다.

[보기]

4주 5급 도전 22회

교정시간 | 10분 | 15분 | 20분 | 기타   분

▶ 한자교정선틀에서 비율과 크기에 맞게 써 봅시다.

加	더할 가 力부3획 (총5획)
價	값 가 亻부13획 (총15획)
可	옳을 가 口부2획 (총5획)
改	고칠 개 攵부3획 (총7획)
客	손님 객 宀부6획 (총9획)

가해 [加害] 남에게 해를 줌
가격 [價格] 물건의 가치를 돈으로 표시
가능 [可能] 할 수 있거나 될 수 있음
가망 [可望] 될 만하거나 가능성이 있는 희망
개혁 [改革] 제도나 기구 따위를 새롭게 뜯어고침
객관 [客觀] 제삼자에서 사물을 보거나 생각함

去	갈 거 厶부3획 (총5획)
擧	들 거 手부14획 (총18획)
件	사건 건 亻부4획 (총6획)
健	굳셀 건 亻부9획 (총11획)
建	세울 건 廴부6획 (총9획)

거래 [去來] 주고받음
거사 [擧事] 큰일을 일으킴
사건 [事件] 뜻밖에 일어난 사고
건강 [健康] 아무 탈이 없고 튼튼함
건설 [建設] 건물을 짓거나 시설들을 이룩함
건의 [建議] 의견이나 희망을 말함

 **5급 도전 22회**

교정시간 | 10분 | 15분 | 20분 | 기타   분

▶ 한자교정선틀에 비율과 크기에 맞게 써 봅시다.

인격 [人格] 사람으로서의 됨됨이
견학 [見學] 보고 그 지식을 넓힘
결단 [決斷] 단정을 하거나 판단을 내림

결론 [結論] 판단을 하거나 단정을 내림
결성 [結成] 조직이나 단체 따위를 짜서 만듦
경시 [輕視] 가볍게 봄 가볍게 여김

존경 [尊敬] 존중히 여겨 공경함
공경 [恭敬] 공손히 받들어 모심
풍경 [風景] 분위기 있는 곳의 모습

경쟁 [競爭] 서로 다툼
고찰 [考察] 깊이 생각하고 연구함
견고 [堅固] 굳세고 단단함

교정시간 | 10분 | 15분 | 20분 | 기타 분

▶ 한자교정선틀에서 비율과 크기에 맞게 써 봅시다.

告	고할 고, 청할 곡 口부4획 (총7획)
曲	굽을 곡 曰부2획 (총6획)
課	공부할 과 言부8획 (총15획)
過	지날 과 辶부9획 (총13획)
觀	볼 관 見부18획 (총25획)

고지 [告知] 게시나 글을 통하여 알림
곡해 [曲解] 옳지 아니하게 해석함
과세 [課稅] 세금을 매김
부과 [賦課] 세금을 매기어 부담하게 함
과오 [過誤] 잘못, 그릇된 짓
관찰 [觀察] 사물을 잘 살펴 봄

關	관계할 관 門부11획 (총19획)
廣	넓을 광 广부12획 (총15획)
橋	다리 교 木부12획 (총16획)
具	갖출 구 八부6획 (총8획)
舊	옛 구 臼부12획 (총18획)

관문 [關門] 요새에 세운 문
광야 [廣野] 너른 들
교량 [橋梁] 사람이나 차량이 다니는 다리
구비 [具備] 빠짐없이 다 갖추어 있음
도구 [道具] 일에 쓰이는 여러 가지 연장
친구 [親舊] 가깝게 오래 사귄 사람

4주 5급 도전 23회

| 교정시간 | 10분 | 15분 | 20분 | 기타 분 |

▶ 한자교정선틀에서 비율과 크기에 맞게 써 봅시다.

구원 [救援] 위험에 빠진 사람을 구함
국면 [局面] 일이 벌어진 상태나 형편
귀천 [貴賤] 부귀와 빈천

귀하 [貴下] 상대방을 높여 부르는 말
규칙 [規則] 다 같이 지키기로 정한 법칙
공급 [供給] 물품 따위를 지급함

기예 [技藝] 기술에 대한 재주
기약 [期約] 시간을 정하고 약속함
기대 [期待] 희망을 가지고 기약한 것을 기다림

기초 [基礎] 사물의 기본이 되는 토대
자기 [自己] 그 사람 자신
기차 [汽車] 궤도 위를 운행하는 차량

4주 글씨교정평가 보내기

첨삭지도용

1. 반드시 첨삭지도용을 보내서 매주 첨삭지도평가에 합격하고 다음 단계를 이수하여야 합니다.
2. 매주 첨삭지도용을 작성해서 팩스나, 우편 또는 스캔, 디카, 휴대폰카메라 등을 이용한 회원은 홈페이지 고객센터로 첨부파일을 반드시 보내주시기 바랍니다.
3. 보내주신 첨삭지도용 글씨교정평가를 바른글씨 홈페이지 고객센터게시판에서 꼭 확인하시기 바랍니다.

교정시간 | 10분 | 15분 | 20분 | 기타 분

用	쓸 용	用부 0획 (총5획)
勇	날랠 용	力부 7획 (총9획)
運	옮길 운	辶부 9획 (총13획)
園	동산 원	口부 10획 (총13획)
遠	멀 원	辶부 10획 (총14획)
由	말미암을 유	田부 0획 (총5획)
油	기름 유	氵부 5획 (총8획)
銀	은 은	金부 6획 (총14획)
音	소리 음	音부 0획 (총9획)
飮	마실 음	食부 4획 (총13획)

첨삭지도평가
FAX:031-898-4663
glssi@naver.com

4주 글씨교정평가 보내기

첨삭지도용

1. 반드시 첨삭지도용을 보내서 매주 첨삭지도평가에 합격하고 다음 단계를 이수하여야 합니다.
2. 매주 첨삭지도용을 작성해서 팩스나, 우편 또는 스캔, 디카, 휴대폰카메라 등을 이용한 회원은 홈페이지 고객센터로 첨부파일을 반드시 보내주시기 바랍니다.
3. 보내주신 첨삭지도용 글씨교정평가를 바른글씨 홈페이지 고객센터게시판에서 꼭 확인하시기 바랍니다.

교정시간 | 10분 | 15분 | 20분 | 기타 | 분

加	더할 가	力부3획 (총5획)
價	값 가	亻부13획 (총15획)
可	옳을 가	口부2획 (총5획)
改	고칠 개	攵부3획 (총7획)
客	손님 객	宀부6획 (총9획)
去	갈 거	厶부3획 (총5획)
擧	들 거	手부14획 (총18획)
件	사건 건	亻부4획 (총6획)
健	굳셀 건	亻부9획 (총11획)
建	세울 건	廴부6획 (총9획)

첨삭지도평가
FAX:031-898-4663
glssi@naver.com

특허한자교정법에서 바로잡는
한자쓰기교정의 정석

5주

 글씨교정 성공을 위한 특허교재 활용법

1. **글씨교정을 반드시 성공하는 활용법**
   본 특허교재로 글씨교정을 성공하려면 반드시 매주 첨삭지도평가에 합격하고 다음 단계를 이수하여야 글씨교정성공의 결과물을 얻을 수 있습니다.

2. **매일 1~2시간 정도 꾸준히 글씨교정하기**
   불규칙적인 글씨교정연습은 글씨교정이 잘 되지 않아서 원상태의 악필로 되돌아 가는 원인이 됩니다.

5주 — 5급 도전 25회

교정시간 | 10분 | 15분 | 20분 | 기타 분

▶ 한자교정선틀에서 비율과 크기에 맞게 써 봅시다.

吉	길할 길 口부3획 (총6획)
能	능할 능 月부6획 (총10획)
念	생각할 념 心부4획 (총8획)
團	둥글 단 口부11획 (총14획)
壇	단 단 土부13획 (총16획)

길흉 [吉凶] 운이 좋고 나쁨
가능 [可能] 할 수 있음
유능 [有能] 재능이 있음

염원 [念願] 마음속으로 생각하고 간절히 바람
단결 [團結] 많은 사람이 한데 뭉침
재단 [齋壇] 하늘을 제사하는 곳

談	말씀 담 言부8획 (총15획)
當	마땅할 당 田부8획 (총13획)
德	덕 덕 彳부12획 (총15획)
島	섬 도 山부7획 (총10획)
到	이를 도 刂부6획 (총8획)

잡담 [雜談] 쓸데없이 지껄이는 말
타당 [妥當] 사리에 맞아 마땅함
도덕 [道德] 사람으로서 지켜야 할 도리

도서 [島嶼] 크고 작은 온갖 섬
도착 [到着] 목적한 곳에 다다름
도달 [到達] 정한 곳에 다다름

5주 5급 도전 25회

교정시간 | 10분 | 15분 | 20분 | 기타 분

▶ 한자교정선틀에서 비율과 크기에 맞게 써 봅시다.

都	도읍 도 阝부9획 (총12획)
獨	홀로 독 犭부13획 (총16획)
落	떨어질 락(낙) ++부9획 (총13획)
朗	밝을 랑 月부7획 (총11획)
冷	찰 랭(냉) 冫부5획 (총7획)

도시 [都市] 사람이 많이 사는 지역
독립 [獨立] 남의 힘을 입지 않고 홀로 섬
유독 [唯獨] 오직 홀로

추락 [墜落] 높은 곳에서 떨어짐
낭독 [朗讀] 글을 소리 내어 읽음
한랭 [寒冷] 춥고 차가움

良	어질 량(양) 艮부1획 (총7획)
量	헤아릴 량(양) 里부5획 (총12획)
旅	나그네 려(여) 方부6획 (총10획)
歷	지날 력(역) 止부12획 (총16획)
練	익힐 련(연) 糸부9획 (총15획)

선량 [選良] 착하고 어짊
양심 [良心] 마땅히 가져야 할 착한 마음
중량 [重量] 무게

여행 [旅行] 다른 고장이나 외국에 가는 일
역사 [歷史] 인류 사회의 변천과 발전의 발자취
연습 [練習] 익숙하도록 되풀이하여 익힘

5주 5급 도전 26회

교정시간 | 10분 | 15분 | 20분 | 기타 분

▶ 한자교정선틀에서 비율과 크기에 맞게 써 봅시다.

令	하여금 령(영) 人부3획 (총5획)										
領	거느릴 령(영) 頁부5획 (총14획)										
勞	힘쓸 로(노) 力부5획 (총7획)										
類	무리 류(유) 頁부10획 (총19획)										
料	헤아릴 료(요) 斗부6획 (총10획)										

발령 [發令] 법령을 공포하거나 명령을 내림
명령 [命令] 윗사람이 아랫사람에게 내리는 지시
영토 [領土] 국가의 통치권이 미치는 땅

노력 [努力] 힘을 다함. 힘껏 성의를 다함
종류 [種類] 물건을 부문에 따라 나눈 갈래
요리 [料理] 음식을 만듦

流	흐를 류(유) 氵부6획 (총10획)										
陸	뭍 륙(육) 阝부8획 (총11획)										
馬	말 마 馬 0획 (총10획)										
末	끝 말 木부1획 (총5획)										
望	바랄 망 月부7획 (총11획)										

유행 [流行] 일시적으로 널리 퍼짐
육지 [陸地] 물에 덮이지 않은 지구 표면
경마 [競馬] 말 타기 경주

결말 [結末] 일을 맺는 끝
말단 [末端] 조직에서 가장 아랫부분
소망 [所望] 어떤 일을 바람

5주 5급 도전 26회

교정시간 | 10분 | 15분 | 20분 | 기타   분

▶ 한자교정선틀에서 비율과 크기에 맞게 써 봅시다.

| 亡 | 망할 망
亠부1획
(총3획) | | | | | | | | | |

| 賣 | 팔 매
貝부8획
(총15획) | | | | | | | | | |

| 買 | 살 매
貝부5획
(총12획) | | | | | | | | | |

| 無 | 없을 무
灬부8획
(총12획) | | | | | | | | | |

| 倍 | 곱 배
亻부8획
(총10획) | | | | | | | | | |

멸망 [滅亡] 망하여 없어짐
매도 [賣渡] 팔아넘김
전매 [專賣] 어떤 물건을 독점하여 팖.

매매 [賣買] 물건을 팔고 사는 일
무직 [無職] 일정한 직업이 없음
백배 [百倍] 백 곱절. 비교할 수 없을 만큼

| 法 | 법도 법
氵부5획
(총8획) | | | | | | | | | |

| 變 | 변할 변
言부16획
(총23획) | | | | | | | | | |

| 兵 | 군사 병
八부5획
(총7획) | | | | | | | | | |

| 福 | 복 복
示부9획
(총14획) | | | | | | | | | |

| 奉 | 받을 봉
大부5획
(총8획) | | | | | | | | | |

법률 [法律] 나라에서 공포한 모든 규칙
법규 [法規] 법률상의 모든 규범
변화 [變化] 모양, 성질 따위가 바뀌어 달라짐

병기 [兵器] 전쟁에 쓰는 모든 기구
행복 [幸福] 복된 좋은 운수
봉사 [奉仕] 남을 위하여 일함

5주 5급 도전 27회

교정시간 | 10분 | 15분 | 20분 | 기타 분

▶ 한자교정선틀에서 비율과 크기에 맞게 써 봅시다.

鼻	코 비 鼻부0획 (총14획)
費	쓸 비 貝부5획 (총12획)
比	견줄 비 比부0획 (총4획)
氷	얼음 빙 水부1획 (총5획)
史	역사 사 口부2획 (총5획)

비공 [鼻孔] 콧구멍
비용 [費用] 어떤 목적을 위해 쓰이는 돈
비교 [比較] 서로 간에 견주어 봄
대비 [對比] 서로 맞대어 비교함
빙수 [氷水] 얼음물
역사 [歷史] 사회의 변천과 흥망의 발자취

査	조사할 사 木부5획 (총9획)
仕	벼슬할 사 亻부3획 (총5획)
士	선비 사 士부0획 (총3획)
寫	베낄 사 宀부12획 (총15획)
思	생각 사 心부5획 (총9획)

심사 [審査] 등급이나 당락 따위를 결정함
조사 [調査] 내용을 살펴보거나 찾아봄
봉사 [奉仕] 남을 위하여 일함
무사 [武士] 무예를 익히는 사람
복사 [複寫] 원본을 베낌
사상 [思想] 구체적인 생각이나 의식

5주 5급 도전 27회

교정시간 | 10분 | 15분 | 20분 | 기타   분

▶ 한자교정선틀에서 비율과 크기에 맞게 써 봅시다.

産	낳을 산 山부6획 (총3획)
參	석 삼, 참여할 참 厶부9획 (총11획)
商	장사 상 口부8획 (총11획)
相	서로 상 目부4획 (총9획)
賞	상줄 상 貝부8획 (총15획)

생산 [生産] 필요한 각종 물건을 만들어 냄
참여 [參與] 어떤 일에 끼어들어 관계함
상량 [商量] 헤아려서 잘 생각함

상업 [商業] 매매를 통하여 이익을 얻는 행위
상호 [相互] 서로. 피차
상장 [賞狀] 상을 주는 증서

序	차례 서 广부4획 (총7획)
善	착할 선 口부9획 (총12획)
仙	신선 선 亻부3획 (총5획)
船	배 선 舟부5획 (총11획)
選	뽑을 선 辶부12획 (총16획)

순서 [順序] 정해진 차례
선악 [善惡] 착한 것과 악한 것
신선 [神仙] 세속에서 벗어난 사람

선박 [船舶] 배
당선 [當選] 선거에서 뽑힘
선발 [選拔] 많은 속에서 골라 뽑음

5주 5급 도전 28회

교정시간 | 10분 | 15분 | 20분 | 기타   분

▶ 한자교정선틀에서 비율과 크기에 맞게 써 봅시다.

鮮	고울 선 魚부6획 (총17획)
說	말씀 설, 달랠 세, 기뻐할 열, 벗을 탈 言부7획 (총14획)
性	성품 성 忄부5획 (총8획)
歲	해 세 止부9획 (총13획)
洗	씻을 세 氵부획 (총9획)

생선 [生鮮] 물에서 잡아낸 날 물고기
설득 [說得] 납득할 수 있도록 잘 설명함
논설 [論說] 의견이나 주장을 조리 있게 설명함

본성 [本性] 사람이 본디부터 가진 성질
세월 [歲月] 흘러가는 시간
세척 [洗滌] 깨끗이 씻어 버림

束	묶을 속 木부3획 (총7획)
首	머리 수 首부0획 (총9획)
宿	잠잘 숙 宀부8획 (총11획)
順	순할 순 頁부3획 (총12획)
示	보일 시 示부0획 (총5획)

구속 [拘束] 자유를 제한하거나 속박함
수령 [首領] 한 당파나 모임의 우두머리
숙원 [宿願] 오래도록 지녀온 소원

순종 [順從] 순순히 따름
지시 [指示] 어떤 대상을 가리켜 보이는 것
계시 [啓示] 나아갈 길을 지적하여 가리켜 줌

85

5주 5급 도전 28회

교정시간 | 10분 | 15분 | 20분 | 기타   분

▶ 한자교정선틀에서 비율과 크기에 맞게 써 봅시다.

識	알 식, 기록할 지 言부12획 (총19획)
臣	신하 신 臣부0획 (총6획)
實	열매 실 宀부11획 (총14획)
兒	아이 아, 성 예 儿부6획 (총8획)
惡	악할 악, 미워할 오 心부8획 (총12획)

지식 [知識] 사물에 대한 명료한 의식이나 이해
상식 [常識] 알고 있거나 알아야 하는 지식
충신 [忠臣] 나라와 임금을 위한 충성스런 신하
과실 [果實] 과일. 나무의 열매
아동 [兒童] 어린 아이
악의 [惡意] 남을 치려는 마음

案	책상 안 木부6획 (총10획)
約	맺을 약, 믿을 요 糸부3획 (총9획)
養	기를 양 食부6획 (총15획)
漁	고기잡을 어 氵부11획 (총14획)
魚	물고기 어 魚부0획 (총11획)

제안 [提案] 의안을 제출함
창안 [創案] 처음으로 생각해 냄
요약 [要約] 말이나 글의 요점을 간추림
어선 [漁船] 고기잡이를 하는 배
양육 [養育] 부양하여 길러 자라게 함
어물 [魚物] 생선을 가공하여 말린 것

5주 5급 도전 29회

교정시간 | 10분 | 15분 | 20분 | 기타 분

▶ 한자교정선들에서 비율과 크기에 맞게 써 봅시다.

億	억 억 亻부13획 (총15획)
熱	더울 열 灬부11획 (총15획)
葉	나뭇잎 엽 艹부9획 (총13획)
屋	집 옥 尸부6획 (총9획)
完	완전할 완 宀부4획 (총7획)

억만 [億萬] 아주 많은 수효
열기 [熱氣] 뜨거운 기운
발열 [發熱] 열이 남. 또는 열을 냄

낙엽 [落葉] 떨어지는 나뭇잎
가옥 [家屋] 사람이 사는 집
완전 [完全] 부족이나 흠이 없음

曜	빛날 요 日부14획 (총18획)
要	중요할 요 襾부3획 (총9획)
浴	목욕할 욕 氵부7획 (총10획)
友	벗 우 又부2획 (총4획)
牛	소 우 牛부0획 (총4획)

요일 [曜日] 일주일 가운데의 어느 날
요구 [要求] 필요하여 달라고 강력히 청함
필요 [必要] 꼭 소용이 됨

욕실 [浴室] 목욕할 수 있는 방
우정 [友情] 친구와의 정
한우 [韓牛] 우리나라 재래종의 소

5주 5급 도전 29회

▶ 한자교정선틀에서 비율과 크기에 맞게 써 봅시다.

雨	비 우 雨부 0획 (총8획)
雲	구름 운 雨부 4획 (총12획)
雄	수컷 웅 隹부 4획 (총12획)
元	으뜸 원 儿부 2획 (총4획)
院	집 원 阝부 7획 (총10획)

우산 [雨傘] 머리 위를 가리는 제구
운무 [雲霧] 구름과 안개
웅비 [雄飛] 기운차고 크게 활동함

웅변 [雄辯] 유창하고 조리 있게 하는 말
원래 [元來] 처음부터. 본디
원장 [院長] 원(院)자가 붙은 기관의 우두머리

願	원할 원 頁부 10획 (총19획)
原	언덕 원, 근원 원 厂부 8획 (총10획)
偉	훌륭할 위 亻부 9획 (총11획)
位	자리 위 亻부 5획 (총7획)
以	써 이 人부 3획 (총5획)

소원 [所願] 원하는 바. 바라고 원함
원인 [原因] 어떤 일의 근본이 되는 까닭
원리 [原理] 기초가 되는 근거

위대 [偉大] 뛰어나고 훌륭함
위치 [位置] 차지한 자리
소이 [所以] 까닭. 이유

절취선을 따라 깔끔하게 찢어주세요

5주 첨삭지도용

최재만의 특허 한자쓰기교정의 정석

5주 글씨교정평가 보내기

1. 반드시 첨삭지도용을 보내서 매주 첨삭지도평가에 합격하고 다음 단계를 이수하여야 합니다.
2. 매주 첨삭지도용을 작성해서 팩스나 우편 또는 스캔, 디카, 휴대폰카메라 등을 이용한 회원은 홈페이지 고객센터로 첨부파일을 반드시 보내주시기 바랍니다.
3. 보내주신 첨삭지도용 글씨교정평가를 바른글씨 홈페이지 고객센터게시판에서 꼭 확인하시기 바랍니다.

교정시간 | 10분 | 15분 | 20분 | 기타 분

吉	길할 길	口부3획 (총6획)
能	능할 능	月부6획 (총10획)
念	생각할 념	心부4획 (총8획)
團	둥글 단	口부11획 (총14획)
壇	단 단	土부13획 (총16획)
束	묶을 속	木부3획 (총7획)
首	머리 수	首부0획 (총9획)
宿	잠잘 숙	宀부8획 (총11획)
順	순할 순	頁부3획 (총12획)
示	보일 시	示부0획 (총5획)

첨삭지도평가
FAX:031-898-4663
glssi@naver.com

5주 글씨교정평가 보내기

1. 반드시 첨삭지도용을 보내서 매주 첨삭지도평가에 합격하고 다음 단계를 이수하여야 합니다.
2. 매주 첨삭지도용을 작성해서 팩스나 우편 또는 스캔, 디카, 휴대폰카메라 등을 이용한 회원은 홈페이지 고객센터로 첨부파일을 반드시 보내주시기 바랍니다.
3. 보내주신 첨삭지도용 글씨교정평가를 바른글씨 홈페이지 고객센터게시판에서 꼭 확인하시기 바랍니다.

교정시간 | 10분 | 15분 | 20분 | 기타 분

鮮 고울 선
魚부6획
(총17획)

說 말씀 설, 달랠 세, 기뻐할 열, 벗을 탈
言부7획
(총14획)

性 성품 성
忄부5획
(총8획)

歲 해 세
止부9획
(총13획)

洗 씻을 세
氵부6획
(총9획)

談 말씀 담
言부8획
(총15획)

當 마땅할 당
田부8획
(총13획)

德 덕 덕
彳부12획
(총15획)

島 섬 도
山부7획
(총10획)

都 이를 도
阝부6획
(총8획)

첨삭지도평가
FAX:031-898-4663
glssi@naver.com

특허한자교정틀에서 바로잡는
한자쓰기교정의 정석

6주

 글씨교정 성공을 위한 특허교재 활용법

1. 글씨교정을 반드시 성공하는 활용법
본 특허교재로 글씨교정을 성공하려면 반드시 매주 첨삭지도평가에 합격하고 다음 단계를 이수하여야 글씨교정성공의 결과물을 얻을 수 있습니다.

2. 매일 1~2시간 정도 꾸준히 글씨교정하기
불규칙적인 글씨교정연습은 글씨교정이 잘 되지 않아서 원상태의 악필로 되돌아 가는 원인이 됩니다.

6주 5급 도전 31회

교정시간 | 10분 | 15분 | 20분 | 기타   분

▶ 한자교정선틀에서 비율과 크기에 맞게 써 봅시다.

耳	귀 이 耳부 0획 (총 6획)
因	인할 인 口부 3획 (총 6획)
任	맡길 임 亻부 4획 (총 6획)
再	다시 재 冂부 4획 (총 6획)
材	재목 재 木부 3획 (총 7획)

이목 [耳目] 귀와 눈. 남들의 주의
원인 [原因] 어떤 일의 근본이 되는 까닭
위임 [委任] 권리나 행위를 남에게 맡김
재기 [再起] 다시 일어섬
재발 [再發] 다시 발생하거나 일어남
재목 [材木] 재료를 만드는 데 쓰는 나무

災	재앙 재 火부 3획 (총 7획)
財	재물 재 貝부 3획 (총 10획)
爭	다툴 쟁 爪부 4획 (총 8획)
貯	쌓을 저 貝부 5획 (총 12획)
的	과녁 적 白부 3획 (총 8획)

횡재 [橫財] 뜻밖에 재물
재물 [財物] 값나가는 모든 물건
경쟁 [競爭] 서로 다투어 겨룸
쟁탈 [爭奪] 서로 다투어 빼앗음
저금 [貯金] 돈을 모음
표적 [標的] 목표가 되는 물건

6주 5급 도전 31회

교정시간 | 10분 | 15분 | 20분 | 기타 　분

▶ 한자교정선틀에서 비율과 크기에 맞게 써 봅시다.

赤	붉을 적 赤부0획 (총7획)
傳	전할 전 亻부11획 (총13획)
典	법 전 八부6획 (총8획)
展	펼 전 尸부7획 (총10획)
節	마디 절 竹부9획 (총15획)

적자 [赤字] 수입보다 지출이 많아 생기는 결손액
전달 [傳達] 전하여 이르게 함
속달 [速達] 빨리 배달함

법전 [法典] 법률에 관한 성문 법규집
전망 [展望] 멀리 바라봄. 멀리보이는 경치
절개 [節槪] 기개가 있는 꿋꿋한 태도

切	끊을 절 刀부2획 (총4획)
店	가게 점 广부5획 (총8획)
停	머무를 정 亻부9획 (총11획)
情	뜻 정 忄부8획 (총11획)
操	잡을 조 扌부13획 (총16획)

절실 [切實] 매우 시급하고도 중요한 상태
점포 [店鋪] 가게. 상점
정지 [停止] 일을 중도에서 멈춤

정체 [停滯] 한 곳에 오래 머물러 있음
다정 [多情] 정이 많음
조종 [操縱] 마음대로 다루어 부림

6주 5급 도전 32회

교정시간 | 10분 | 15분 | 20분 | 기타   분

▶ 한자교정선틀에서 비율과 크기에 맞게 써 봅시다.

調	고를 조, 아침 주 言부8획 (총15획)											
卒	마칠 졸 十부6획 (총8획)											
終	마칠 종 糸부5획 (총11획)											
種	씨 종 禾부9획 (총14획)											
罪	죄 죄 罒부8획 (총13획)											

조화 [調和] 서로 잘 어울림
조절 [調節] 균형이 맞게 바로잡음
졸병 [卒兵] 지위가 낮은 병사

종료 [終了] 일을 끝마침
종자 [種子] 식물의 씨. 씨앗
범죄 [犯罪] 법규에 저촉되는 행위

週	주일 주 辶부8획 (총12획)											
州	고을 주 川부3획 (총6획)											
止	그칠 지 止부0획 (총4획)											
知	알 지 矢부3획 (총8획)											
質	바탕 질, 폐백 지 貝부8획 (총15획)											

주기 [週期] 같은 현상이 똑같이 반복되는 때
주군 [州郡] 주와 군. 지방을 이름
금지 [禁止] 하지 못하도록 함

지식 [知識] 사물에 대한 명료한 인식이나 이해
질의 [質疑] 의심나는 점을 물어서 밝힘
인질 [人質] 사람을 볼모로 잡아 두는 일

6주 5급 도전 32회

교정시간 10분 15분 20분 기타   분

▶ 한자교정선틀에서 비율과 크기에 맞게 써 봅시다.

着	붙을 착 目부6획 (총12획)
唱	부를 창 口부8획 (총11획)
責	꾸짖을 책, 빚 채 貝부4획 (총11획)
鐵	쇠 철 金부13획 (총21획)
初	처음 초 刀부5획 (총7획)

부착 [附着] 딱 붙어서 떨어지지 않음
도착 [到着] 목적한 곳에 다다름
선창 [先唱] 맨 먼저 주창함

책망 [責望] 잘못을 꾸짖거나 허물을 꾸짖음
강철 [鋼鐵] 무쇠를 녹여 단단하게 만든 쇠
초기 [初期] 처음이 되는 시기나 때

最	가장 최 日부8획 (총12획)
祝	빌 축 示부 5획 (총10획)
充	가득할 충 儿부3획 (총6획)
致	이를 치 至 부4획 (총10획)
則	법칙 칙, 곧 즉 刂부7획 (총9획)

최고 [最高] 가장 높음. 으뜸
최선 [最善] 가장 착하고 훌륭함
축하 [祝賀] 좋은 일로 하례 인사

충만 [充滿] 가득 참
치성 [致誠] 있는 정성을 다함
법칙 [法則] 반드시 지켜야 할 규범

6주 5급 도전 32회

교정시간 | 10분 | 15분 | 20분 | 기타   분

▶ 한자교정선틀에서 비율과 크기에 맞게 써 봅시다.

他	다를 타 亻부3획 (총5획)
打	칠 타 扌부2 (총5획)
卓	높을 탁 十부6획 (총8획)
炭	숯 탄 火부5획 (총9획)
宅	댁 댁, 집 택 宀부3획 (총6획)

타인 [他人] 다른 사람
구타 [毆打] 사람을 치고 때림
탁월 [卓越] 남보다 월등하게 뛰어남
탄소 [炭素] 비금속성 화학 원소의 하나
주택 [住宅] 살 수 있게 지은 집
택지 [宅地] 집을 지을 땅

板	널빤지 판 木부4획 (총8획)
敗	패할 패 攴부7획 (총11획)
品	물건 품 口부6획 (총9획)
必	반드시 필 心부1획 (총5획)
筆	붓 필 竹부6획 (총12획)

신판 [新版] 새로 만든 책
패망 [敗亡] 싸움에 져서 망함
물품 [物品] 쓸 만한 값어치가 있는 물건
품질 [品質] 물건의 성질과 바탕
필연 [必然] 틀림없이, 꼭
연필 [鉛筆] 흑연을 넣어 만든 필기도구

6주 5급 도전 32회

교정시간 | 10분 | 15분 | 20분 | 기타   분

▶ 한자교정선틀에서 비율과 크기에 맞게 써 봅시다.

河	물 하 氵부5획 (총8획)
寒	찰 한 宀부9획 (총12획)
害	해할 해, 어느 할 宀부7획 (총10획)
許	허락할 허, 이영차 호 言부4획 (총11획)
湖	호수 호 氵부9획 (총12획)

하천 [河川] 강과 시내
혹한 [酷寒] 몹시 혹독한 추위
손해 [損害] 해가 돌아옴

방해 [妨害] 헤살을 놓아 해를 끼침
허락 [許諾] 청하는 바라는 일을 들어줌
호수 [湖水] 육지가 패여 물이 괸 곳

化	될 화 匕부2획 (총4획)
患	근심 환 心부7획 (총11획)
效	본받을 효 攴부6획 (총10획)
凶	흉할 흉 凵부2획 (총4획)
黑	검을 흑 黑부0획 (총12획)

변화 [變化] 모양이나 성질이 아주 달라짐
교화 [敎化] 가르쳐 착한 길로 인도함
우환 [憂患] 근심이나 걱정이 되는 일

효과 [效果] 효력이 나타나는 좋은 결과
흉년 [凶年] 농작물이 잘 되지 않는 해
흑심 [黑心] 음흉하고 부정한 마음

준4급 도전 33회

교정시간 | 10분 | 15분 | 20분 | 기타 분

▶ 한자교정선틀에서 비율과 크기에 맞게 써 봅시다.

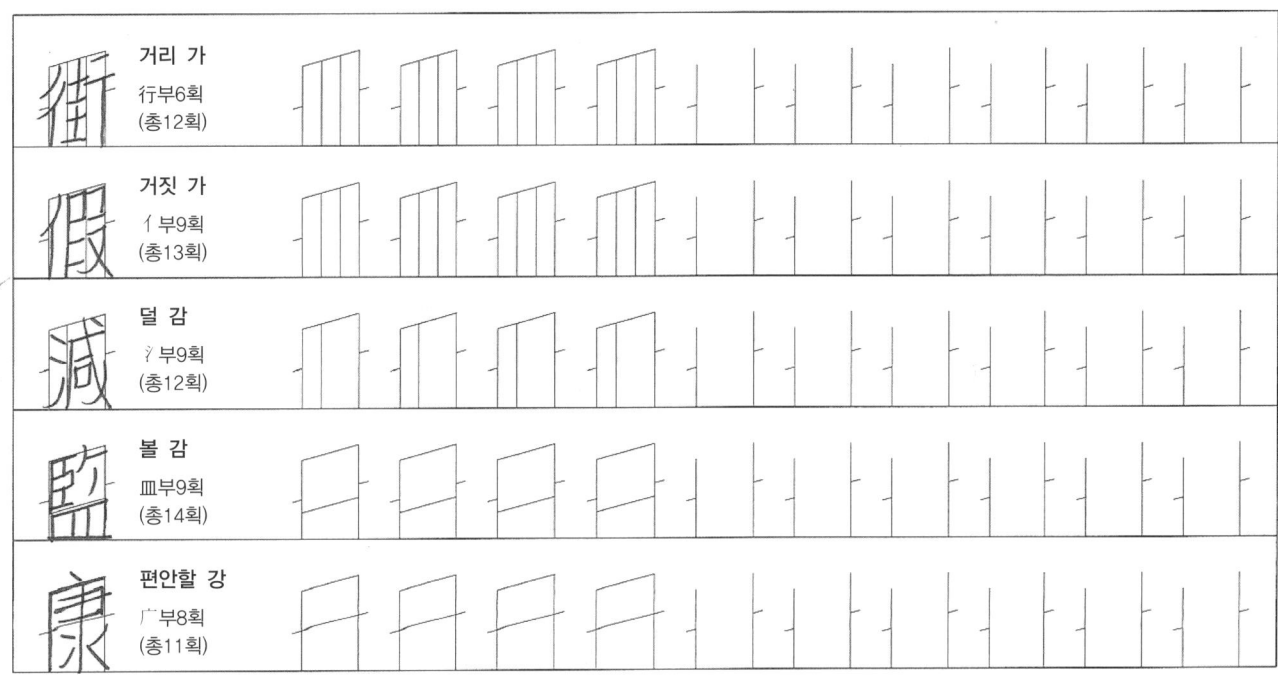

가로 [街路] 시가지의 도로
가발 [假髮] 인조로 만든 머리 모양
감소 [減少] 양이나 수치가 줆

감면 [減免] 경감하거나 면제함
감시 [監視] 주의 깊게 살핌
건강 [健康] 몸에 아무 탈이 없고 튼튼함

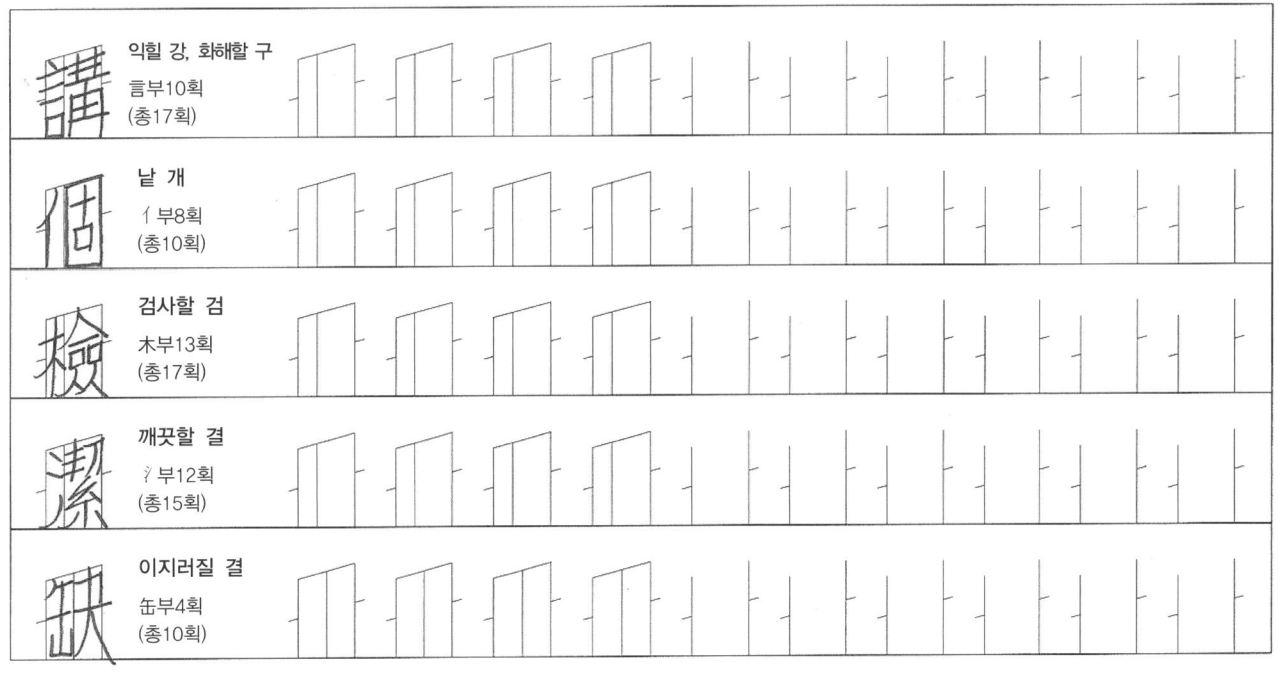

강습 [講習] 강의를 들어 익히도록 함
열강 [熱講] 열정적인 강의나 강연
개별 [個別] 낱낱이. 따로따로

검정 [檢定] 검사하여 자격이나 조건을 인정함
청결 [淸潔] 맑고 깨끗함
결백 [潔白] 깨끗하고 더럽힘이 없음

6주 준4급 도전 33회

교정시간 | 10분 | 15분 | 20분 | 기타   분

▶ 한자교정선틀에서 비율과 크기에 맞게 써 봅시다.

境	지경 경 日부11획 (총14획)
慶	경사 경 心부11획 (총15획)
經	경서 경 糸부7획 (총13획)
警	경계할 경 言부13획 (총20획)
係	걸릴 계 亻부7획 (총9획)

경계 [境界] 맞닿은 자리
경사 [慶事] 축하할 만한 기쁜 일
경위 [經緯] 직물의 날과 씨

경험 [經驗] 실제로 보고 듣고 겪은 일
경계 [警戒] 잘못되지 않도록 주의시킴
관계 [關係] 서로 관련이 있음

故	연고 고 攵부5획 (총9획)
官	벼슬 관 宀부5획 (총8획)
權	권세 권 木부18획 (총22획)
究	궁구할 구 穴부2획 (총7획)
求	구할 구 氺부3획 (총6획)

연고 [緣故] 혈통, 지연으로 맺어진 관계
관청 [官廳] 국가의 사무를 집행하는 관공서
권리 [權利] 법률로 보호되는 권세와 이익

권력 [權力] 강제로 복종시키는 힘
연구 [研究] 깊이 있게 조사하여 밝힘
요구 [要求] 달라고 강력히 청함

6주 준4급 도전 33회

교정시간 | 10분 | 15분 | 20분 | 기타   분

▶ 한자교정선틀에서 비율과 크기에 맞게 써 봅시다.

구절 [句節] 한 토막의 글이나 말
궁전 [宮殿] 궁궐. 대궐
극진 [極盡] 온갖 정성을 다함

금지 [禁止] 하지 못하도록 함
금연 [禁煙] 담배를 끊음
봉기 [蜂起] 떼 지어 곳곳에서 세차게 일어남

기물 [器物] 살림살이에 쓰는 그릇
온난 [溫暖] 날씨가 따뜻함
곤란 [困難] 사정이 몹시 딱하고 어려움

난관 [難關] 통과하기 어려운 곳
분노 [憤怒] 분개하여 성을 냄
노력 [努力] 힘을 씀. 힘껏 성의를 다함

6주 준4급 도전 33회

단목 [檀木] 박달나무
단절 [斷絕] 관계를 끊음
첨단 [尖端] 시대나 유행에 앞장 섬

단아 [端雅] 단정하고 우아함
간단 [簡單] 간략하고 짤막함
통달 [通達] 숙달이 되어 통함

담보 [擔保] 맡아서 보증함
담당 [擔當] 어떤 일을 맡음
혁대 [革帶] 가죽 띠

정당 [政黨] 정치적인 조직 단체
군대 [軍隊] 조직된 군인의 집단
득표 [得票] 투표에서 표수를 얻음

6주 준4급 도전 34회

교정시간 | 10분 | 15분 | 20분 | 기타   분

▶ 한자교정선틀에서 비율과 크기에 맞게 써 봅시다.

導	이끌 도 寸부13획 (총16획)
毒	독 독 毋부4획 (총8획)
督	살필 독 目부8획 (총13획)
純	순수할 순 糸부4획 (총10획)
銅	구리 동 金부6획 (총14획)

인도 [引導] 이끌어 들임. 가르쳐 이끎
독약 [毒藥] 독이 있는 약제
감독 [監督] 보살펴서 잘못이 없도록 단속함
순수 [純粹] 다른 것이 섞이지 않음
청순 [淸純] 깨끗하고 순수함
청동 [靑銅] 구리와 주석의 합

斗	말 두 斗부0획 (총4획)
豆	콩 두 豆부0획 (총7획)
燈	등잔 등 火부12획 (총16획)
羅	그물 라(나) 罒부14획 (총19획)
兩	두 량(양) 入부6획 (총8획)

두성 [斗星] 북두칠성
두유 [豆乳] 콩국
소등 [消燈] 등불을 끔
나열 [羅列] 죽 벌여 놓음
망라 [網羅] 남김없이 모두 빠짐없이 모음
양자 [兩者] 관련이 있는 두 쪽의 사람이나 사물

6주 준4급 도전 34회

교정시간 | 10분 | 15분 | 20분 | 기타   분

▶ 한자교정선틀에서 비율과 크기에 맞게 써 봅시다.

麗	고울 려(여) 鹿부8획 (총19획)
連	잇닿을 련(연) 辶부7획 (총11획)
列	벌일 렬(열) 刂부4획 (총6획)
錄	기록할 록(녹) 金부8획 (총16획)
論	논의할 론(논) 言부8획 (총15획)

화려 [華麗] 빛나고 아름다움
연결 [連結] 서로 관계를 맺음
연속 [連續] 연달아 계속 지속함

배열 [配列] 차례로 줄을 지어놓음
기록 [記錄] 사실을 적음 또는 서류
토론 [討論] 의견을 놓고 논의함

留	머무를 류(유) 田부5획 (총10획)
律	법칙 률(율) 彳부6획 (총9획)
滿	찰 만 氵부11획 (총14획)
脈	맥 맥 月부6획 (총10획)
毛	털 모 毛부0획 (총4획)

유학 [留學] 외국으로 가서 공부함
음률 [音律] 소리와 음악의 가락
충만 [充滿] 가득 참

맥박 [脈搏] 심장의 혈관 운동
진맥 [診脈] 손목의 맥을 짚어 진찰하는 일
모골 [毛骨] 털과 뼈

6주 준4급 도전 34회

교정시간 | 10분 | 15분 | 20분 | 기타   분

▶ 한자교정선틀에서 비율과 크기에 맞게 써 봅시다.

務	힘쓸 무, 업신여길 모 / 力부9획 (총11획)
牧	칠 목 / 牛부4획 (총8획)
武	호반 무 / 止부4획 (총8획)
味	맛 미 / 口부5획 (총8획)
未	아닐 미 / 木부1획 (총5획)

업무 [業務] 맡아서 하는 일
용무 [用務] 볼일
목장 [牧場] 가축 따위를 놓아기르는 곳

무술 [武術] 무도에 관한 기술
미각 [味覺] 맛을 느끼는 감각
미달 [未達] 한도나 표준에 이르지 못함

密	빽빽할 밀 / 宀부8획 (총11획)
博	넓을 박 / 十부10획 (총12획)
防	막을 방 / 阝부4획 (총7획)
訪	찾을 방 / 言부4획 (총11획)
房	방 방 / 戸부4획 (총8획)

밀접 [密接] 아주 가깝게 맞닿음
친밀 [親密] 매우 가깝고 친하게 지내는 사이
박사 [博士] 대학에서 수여하는 가장 높은 학위

방어 [防禦] 남의 공격을 막음
방문 [訪問] 남을 찾아가서 만나거나 봄
난방 [煖房] 건물에 열을 공급하여 따뜻하게 함

6주 준4급 도전 34회

교정시간 | 10분 | 15분 | 20분 | 기타   분

▶ 한자교정선틀에서 비율과 크기에 맞게 써 봅시다.

拜	절 배 手부5획 (총9획)
背	등 배 月부5획 (총9획)
配	짝 배 酉부3획 (총10획)
伐	칠 벌 亻부4획 (총6획)
罰	죄 벌 罒부9획 (총14획)

배금 [拜金] 돈을 지나치게 숭배함
배후 [背後] 등 뒤
배신 [背信] 믿음이나 신의를 저버림

분배 [分配] 일정한 기준에 따라 나눔
벌초 [伐草] 무덤의 잡초를 제거하는 일
벌칙 [罰則] 행위에 대한 처벌을 규정한 규칙

壁	벽 벽 土부13획 (총16획)
邊	가 변 辶부15획 (총19획)
保	보전할 보 亻부7획 (총19획)
寶	보배 보 宀부17획 (총20획)
步	걸을 보 止부3획 (총7획)

벽지 [壁紙] 벽에 바르는 종이
변방 [邊方] 나라의 경계가 되는 변두리 땅
보호 [保護] 잘 보살피고 지킴

보물 [寶物] 귀하고 가치 있는 물건
도보 [徒步] 타지 않고 걸어감
경보 [競步] 반걸음으로 빨리 걷는 육상경기

6주 준4급 도전 35회

교정시간 | 10분 | 15분 | 20분 | 기타   분

▶ 한자교정선틀에서 비율과 크기에 맞게 써 봅시다.

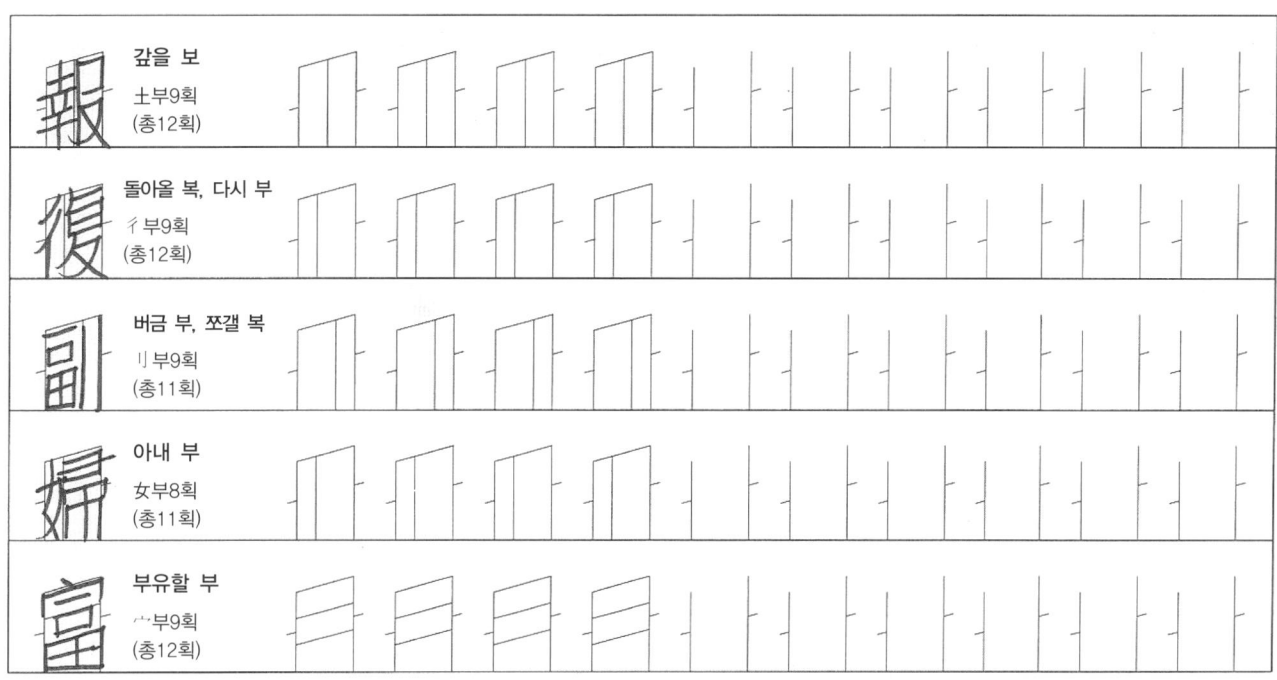

報 갚을 보 土부9획 (총12획)
復 돌아올 복, 다시 부 彳부9획 (총12획)
副 버금 부, 쪼갤 복 刂부9획 (총11획)
婦 아내 부 女부8획 (총11획)
富 부유할 부 宀부9획 (총12획)

보답 [報答] 남의 호의나 은혜를 갚음
보고 [報告] 내용이나 결과를 글로 알림
복귀 [復歸] 본래의 자리나 상태로 되돌아감
부본 [副本] 원본과 동일한 내용의 문서
주부 [主婦] 한 집안의 주인의 아내
부자 [富者] 재물이 많은 사람

府 마을 부 广부5획 (총8획)
佛 부처 불, 도울 필 亻부5획 (총7획)
備 갖출 비 亻부10획 (총12획)
非 아닐 비 非부0획 (총8획)
飛 날 비 飛부0획 (총9획)

부고 [府庫] 문서나 재물을 넣어두는 곳
불상 [佛像] 부처의 형상을 표현한 상
완비 [完備] 빠짐없이 완전히 갖춤
준비 [準備] 미리 필요한 것을 갖춤
비난 [非難] 남의 잘못이나 결점을 나쁘게 말함
비상 [非常] 뜻밖의 긴급한 사태

교정시간 | 10분 | 15분 | 20분 | 기타 분

▶ 한자교정선틀에서 비율과 크기에 맞게 써 봅시다.

悲 슬플 비
心부8획
(총12획)

貧 가난할 빈
貝부4획
(총11획)

師 스승 사
巾 부7획
(총10획)

謝 사례할 사
言부10획
(총17획)

舍 집 사, 들을 석
舌부2획
(총8획)

비애 [悲哀] 슬프고 서러움
비통 [悲痛] 몹시 마음이 아프고 슬픔
빈곤 [貧困] 가난하고 살기가 어려움

사제 [師弟] 스승과 제자
사례 [謝禮] 고마운 뜻을 나타내는 인사
청사 [廳舍] 관청으로 쓰는 건물

寺 절 사, 내시 시
寸부3획
(총6획)

殺 죽일 살, 감할 쇄
殳부7획
(총11획)

床 평상 상
广부4획
(총7획)

想 생각 상
心부9획
(총13획)

常 항상 상
巾부8획
(총11획)

사원 [寺院] 종교적 건물의 총칭
자살 [自殺] 스스로 자기의 목숨을 끊음
평상 [平床] 나무로 만든 침상의 하나

상상 [想像] 마음속으로 짐작함
사상 [思想] 구체적인 사고나 생각
매상 [每常] 평상시에 언제나

교정시간 10분 15분 20분 기타   분

▶ 한자교정선틀에서 비율과 크기에 맞게 써 봅시다.

狀	형상 상, 문서 장 犬부4획 (총8획)
設	베풀 설 言부4획 (총11획)
城	재 성 土부7획 (총10획)
星	별 성 日부5획 (총9획)
誠	정성 성 言부7획 (총14획)

형상 [形狀] 물건의 모양이나 상태
설비 [設備] 필요한 것을 베풀어서 갖춤
건설 [建設] 건물이나 시설을 지음

산성 [山城] 산 위에 쌓은 성
칠성 [七星] 황금의 품질, 북두칠성
성의 [誠意] 정성껏 하는 태도나 마음

聖	성인 성 耳부7획 (총13획)
盛	성할 성 皿부7획 (총12획)
聲	소리 성 耳부11획 (17획)
細	가늘 세 糸부5획 (총11획)
勢	기세 세 力부11획 (총13획)

성은 [聖恩] 임금이 베푸는 큰 은혜
극성 [極盛] 행동이 지나치게 적극적임
육성 [肉聲] 사람의 입에서 나오는 소리

미세 [微細] 분간하기 어렵도록 매우 작음
세력 [勢力] 권력이나 기세의 힘
기세 [氣勢] 기운과 세력

6주 준4급 도전 35회

교정시간 | 10분 | 15분 | 20분 | 기타   분

▶ 한자교정선틀에서 비율과 크기에 맞게 써 봅시다.

납세 [納稅] 세금을 냄
면세 [免稅] 세금을 면제함
폭소 [爆笑] 세차게 터져 나오는 웃음

청소 [淸掃] 깨끗하게 닦음
소복 [素服] 상복. 흰 옷
풍속 [風俗] 옛날부터 전해 오는 습관

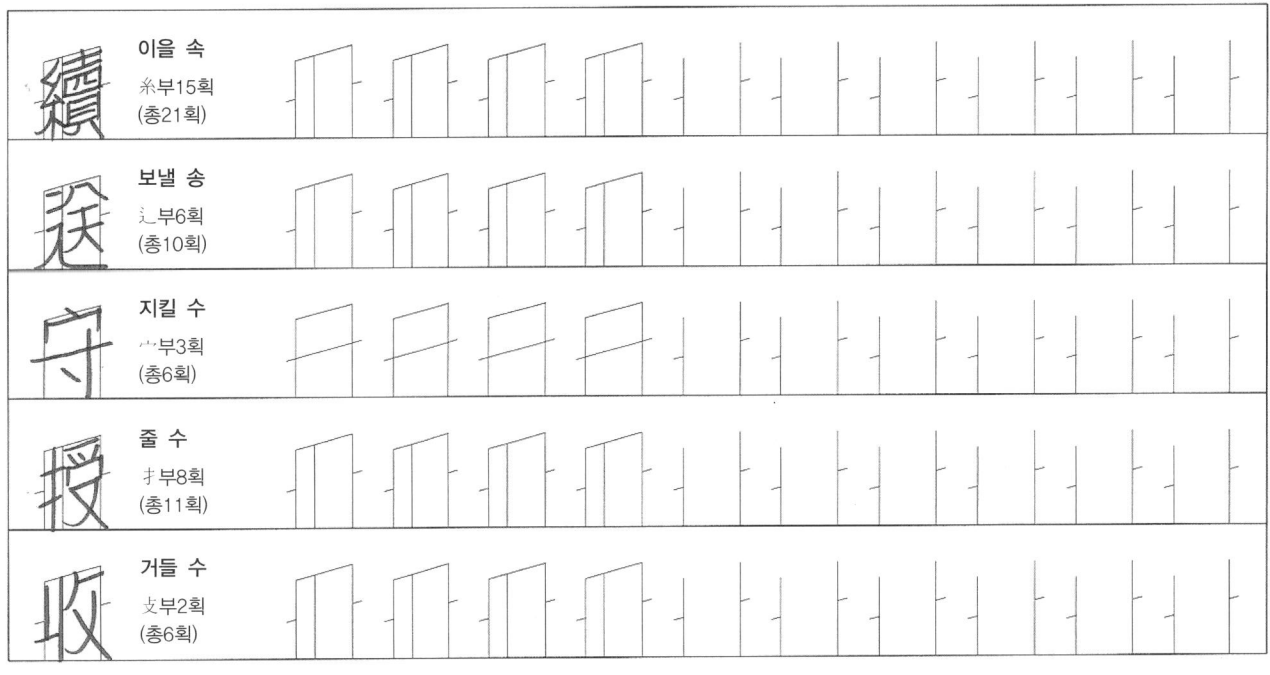

지속 [持續] 같은 상태가 오래 계속됨
연속 [連續] 끊지 않고 계속 지속함
발송 [發送] 물건을 부침

수비 [守備] 적의 침입으로부터 공격을 막음
수상 [受賞] 상을 받음
수입 [收入] 물품 또는 돈 따위를 거두어들임

6주 글씨교정평가 보내기

1. 반드시 첨삭지도용을 보내서 매주 첨삭지도평가에 합격하고 다음 단계를 이수하여야 합니다.
2. 매주 첨삭지도용을 작성해서 팩스나 우편 또는 스캔, 디카, 휴대폰카메라 등을 이용한 회원은 홈페이지 고객센터로 첨부파일을 보내주시기 바랍니다.
3. 보내주신 첨삭지도용 글씨교정평가를 바른글씨 홈페이지 고객센터게시판에서 꼭 확인하시기 바랍니다.

교정시간 | 10분 | 15분 | 20분 | 기타 | 분

赤	붉을 적	赤부0획 (총7획)									
傳	전할 전	亻부11획 (총13획)									
典	법 전	八부6획 (총8획)									
展	펼 전	尸부7획 (총10획)									
節	마디 절	竹부9획 (총15획)									
擔	멜 담	扌부13획 (총16획)									
黨	무리 당	黑부8획 (총20획)									
帶	띠 대	巾부8획 (총11획)									
隊	떼 대, 떨어질 추, 길 수	阝부9획 (총12획)									
得	얻을 득	彳부8획 (총11회)									

첨삭지도평가
FAX: 031-898-4663
glssi@naver.com

6주 글씨교정평가 보내기

1. 반드시 첨삭지도용을 보내서 매주 첨삭지도평가에 합격하고 다음 단계를 이수하여야 합니다.
2. 매주 첨삭지도용을 작성해서 팩스나 우편 또는 스캔, 디카, 휴대폰카메라 등을 이용한 회원은 홈페이지 고객센터로 첨부파일을 보내주시기 바랍니다.
3. 보내주신 첨삭지도용 글씨교정평가를 바른글씨 홈페이지 고객센터게시판에서 꼭 확인하시기 바랍니다.

교정시간 | 10분 | 15분 | 20분 | 기타 분

檀 박달나무 단
木부13획
(총17획)

斷 끊을 단
斤부14획
(총18획)

端 바를 단
立부9획
(총14획)

單 홀 단, 오랑캐이름 선
口부9획
(총12획)

達 통할 달
辶부9획
(총13획)

切 끊을 절
刀부2획
(총4획)

店 가게 점
广부5획
(총8획)

停 머무를 정
亻부9획
(총11획)

情 뜻 정
忄부8획
(총11획)

操 잡을 조
扌부13획
(총16획)

첨삭지도평가
FAX:031-898-4663
glssi@naver.com

특허한자교정틀에서 바로잡는
한자쓰기교정의 정석

7주

 글씨교정 성공을 위한 특허교재 활용법

1. 글씨교정을 반드시 성공하는 활용법
본 특허교재로 글씨교정을 성공하려면 반드시 매주 첨삭지도평가에 합격하고 다음 단계를 이수하여야 글씨교정성공의 결과물을 얻을 수 있습니다.

2. 매일 1~2시간 정도 꾸준히 글씨교정하기
불규칙적인 글씨교정연습은 글씨교정이 잘 되지 않아서 원상태의 악필로 되돌아가는 원인이 됩니다.

7주 준4급 도전 37회

교정시간 | 10분 | 15분 | 20분 | 기타 분

▶ 한자교정선틀에서 비율과 크기에 맞게 써 봅시다.

修	닦을 수 亻부8획 (총10획)
受	받을 수 又부6획 (총8획)
承	받들 승 手부4획 (총8획)
是	옳을 시 日부5획 (총9획)
視	볼 시 見부5획 (총12획)

수련 [修鍊] 마음과 몸을 단련함
수리 [修理] 고장난 것을 고침
수납 [受納] 받아서 넣어 둠

승계 [承繼] 이어서 받음
시비 [是非] 옳음과 그름
시찰 [視察] 돌아다니며 사정을 살핌

試	시험할 시 言부6획 (총13획)
詩	시 시 言부6획 (총13획)
施	베풀 시 方부5획 (총9획)
息	숨쉴 식 心부6획 (총10획)
申	납 신 田부0획 (총5획)

시험 [試驗] 재능이나 실력을 평가함
시식 [試食] 맛을 시험하기 위하여 먹어 봄
동시 [童詩] 어린이를 위한 시

시행 [施行] 실제로 행함
휴식 [休息] 하던 일을 멈추고 잠깐 쉼
신고 [申告] 일정한 사실을 진술·보고함

7주 준4급 도전 37회

교정시간 10분 15분 20분 기타   분

▶ 한자교정선틀에서 비율과 크기에 맞게 써 봅시다.

深	깊을 심 氵부8획 (총11획)
眼	눈 안 目부6획 (총11획)
暗	어두울 암 日부9획 (총13획)
陰	응달 음 阝부8획 (총11획)
壓	누를 압, 싫어할 염 土부14획 (총17획)

수심 [水深] 물의 깊이
심오 [深奧] 썩 깊고 오묘함
안목 [眼目] 사물을 보고 분별하는 견식
암담 [暗澹] 희망이 없고 절망적임
음지 [陰地] 그늘진 곳
압력 [壓力] 누르는 힘

液	진 액, 담글 석 氵부8획 (총11획)
羊	양 양 羊부0획 (총6획)
餘	남을 여 食부7획 (총16획)
如	같을 여, 말이을 이 女부3획 (총6획)
逆	거스를 역 辶부6획 (총10획)

액체 [液體] 물과 같이 유동하는 물질
백양 [白羊] 흰 양
잔여 [殘餘] 남아 있는 것
여가 [餘暇] 한가로운 시간
여하 [如何] 형편이나 정도
역류 [逆流] 거꾸로 흐름

7주 준4급 도전 37회

교정시간 | 10분 | 15분 | 20분 | 기타   분

▶ 한자교정선틀에서 비율과 크기에 맞게 써 봅시다.

煙 연기 연
火부9획
(총13획)

研 갈 연
石부6획
(총11획)

演 펼 연
氵부11획
(총14획)

榮 꽃 영, 영화 영, 빛날 영
木부10획
(총14획)

藝 재주 예
艹부15획
(총19획)

연기 [煙氣] 흐릿한 기체나 기운
연마 [研磨] 갈고 닦음
연극 [演劇] 관객에게 보여 주는 무대 예술

연기 [演技] 배우가 표현해 내는 일
영광 [榮光] 아름답고 빛나는 영예
기예 [技藝] 기술에 대한 재주

誤 그릇할 오
言부7획
(총14획)

玉 구슬 옥
玉부0획
(총5획)

往 갈 왕
彳부5획
(총8획)

謠 노래 요
言부10획
(총17획)

容 얼굴 용
宀부7획
(총10획)

오류 [誤謬] 그릇되어 이치에 어긋남
착오 [錯誤] 착각을 하여 잘못함
금옥 [金玉] 금과 옥

왕년 [往年] 지나간 해. 옛날
민요 [民謠] 오랜 전부터 불려온 전통적인 노래
형용 [形容] 생긴 모양

7주 준4급 도전 37회

교정시간 | 10분 | 15분 | 20분 | 기타   분

▶ 한자교정선틀에서 비율과 크기에 맞게 써 봅시다.

圓	둥글 원 口부10획 (총13획)
員	인원 원, 더할 운 口부7획 (총10획)
爲	할 위 爪부8획 (총12획)
衛	지킬 위 行부10획 (총16획)
肉	고기 육, 둘레 유 肉부0획 (총6획)

원형 [圓形] 둥근 모양
원만 [圓滿] 충분히 가득 참
인원 [人員] 사람의 수효

행위 [行爲] 사람이 행하는 짓
호위 [護衛] 보호하고 지켜줌
육질 [肉質] 살로 되어 있는 질

恩	은혜 은 心부6획 (총10획)
應	응할 응 心부13획 (총17획)
義	옳을 의 羊부7획 (총13획)
議	의논할 의 言부13획 (총20획)
移	옮길 이 禾부6획 (총11획)

은혜 [恩惠] 남에게서 받는 신세나 혜택
응당 [應當] 마땅히, 당연히
의리 [義理] 마땅히 지켜야 할 도리

도리 [道理] 마땅히 행해야 할 바른 길
상의 [相議] 서로 의논함
이동 [移動] 움직여 옮김

7주 준4급 도전 38회

교정시간 | 10분 | 15분 | 20분 | 기타   분

▶ 한자교정선틀에서 비율과 크기에 맞게 써 봅시다.

益	더할 익 皿부5획 (총10획)
引	끌 인 弓부1획 (총4획)
認	알 인 言부7획 (총14획)
印	도장 인 卩부4획 (총6획)
將	장수 장 寸부8획 (총11획)

이익 [利益] 보탬이 되는 것
공익 [公益] 사회 공중의 이익
견인 [牽引] 끌어당김
인정 [認定] 옳다고 여김
인감 [印鑑] 미리 신고하여 둔 도장
장래 [將來] 다가올 앞날

障	가로막을 장 阝부11획 (총14획)
低	낮을 저 亻부5획 (총7획)
敵	원수 적 攵부11획 (총15획)
田	밭 전 田부0획 (총5획)
絶	끊을 절 糸부6획 (총12획)

장벽 [障壁] 가리어 막은 벽
저속 [低俗] 품위가 낮고 속됨
저조 [低調] 능률이 오르지 아니함
적수 [敵手] 힘이 비슷한 상대
전답 [田畓] 밭과 논
절교 [絶交] 서로 교제를 끊음

교정시간 10분 15분 20분 기타   분

▶ 한자교정선틀에서 비율과 크기에 맞게 써 봅시다.

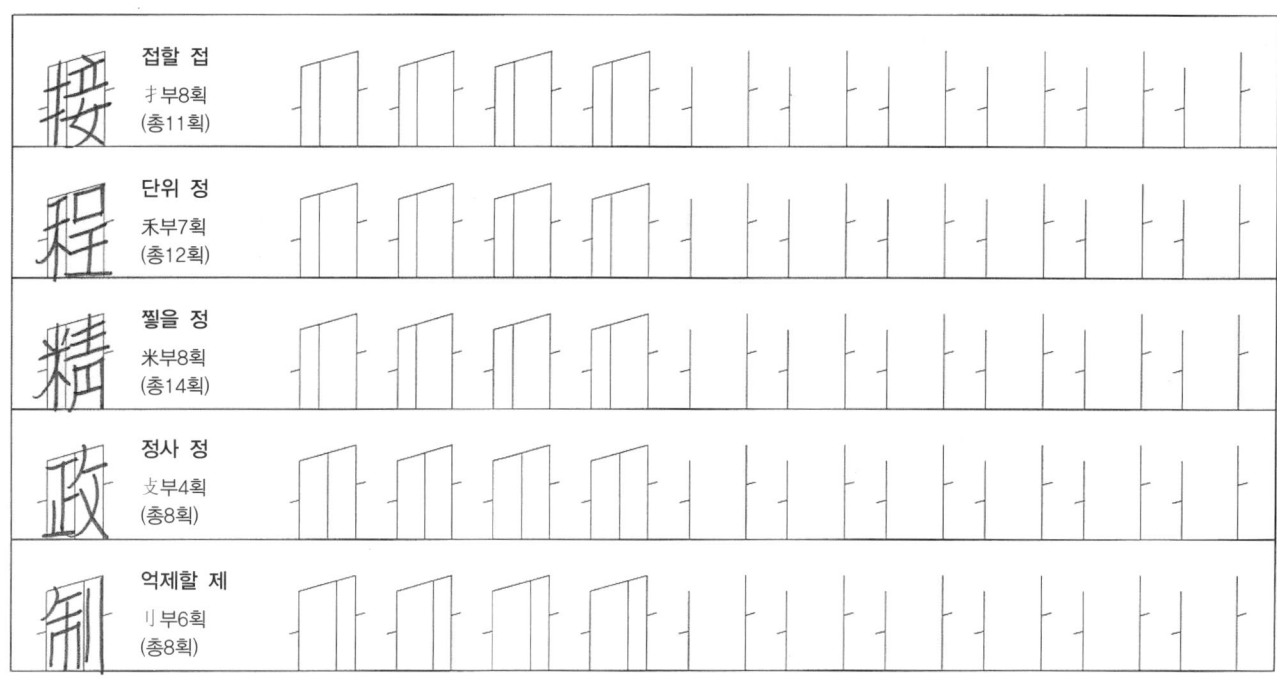

接	접할 접 扌부8획 (총11획)
程	단위 정 禾부7획 (총12획)
精	찧을 정 米부8획 (총14획)
政	정사 정 攴부4획 (총8획)
制	억제할 제 刂부6획 (총8획)

교접 [交接] 서로 닿아서 접촉함
접촉 [接觸] 서로 맞닿음
여정 [旅程] 여행의 과정이나 일정

정밀 [精密] 아주 정교하고 치밀함
정사 [政事] 정치 또는 행정상의 일
제어 [制御] 제 마음대로 다룸

製	지을 제 衣부8획 (총14획)
濟	건널 제 氵부14획 (총17획)
祭	제사 제 示부6획 (총11획)
際	가 제 阝부11획 (총14획)
提	끌 제, 떼지어날 시 阝부9획 (총12획)

제조 [製造] 큰 규모로 물건을 만듦
제작 [製作] 재료를 가지고 물건을 만듦
구제 [救濟] 어려운 사람을 도와줌

제사 [祭祀] 죽은 이에게 정성을 표함
교제 [交際] 서로 사귐
제휴 [提携] 서로 도와줌

7주 준4급 도전 38회

교정시간 | 10분 | 15분 | 20분 | 기타 분

▶ 한자교정선틀에서 비율과 크기에 맞게 써 봅시다.

除	덜 제, 사월 여	阝부7획 (총10획)
造	지을 조	辶부7획 (총11획)
助	도울 조	力부5획 (총7획)
早	이를 조	日부2획 (총6획)
鳥	새 조	鳥부0획 (총11획)

제거 [除去] 없애 버림
제외 [除外] 범위 밖에 두어 빼어 놓음
조성 [造成] 무엇을 만들어서 이룸
상조 [相助] 서로도움
조기 [早期] 이른 시기
조류 [鳥類] 새무리

尊	높을 존	寸부9획 (총12획)
宗	마루 종	宀부5획 (총8획)
走	달릴 주	走부0획 (총7획)
竹	대 죽	竹부0획 (총6획)
準	준할 준, 콧마루 절	氵부10획 (총13획)

존중 [尊重] 높이어 귀중하게 여김
존엄 [尊嚴] 높고 엄숙함
종가 [宗家] 족보상으로 맏이로만 이어 온 큰 집
경주 [競走] 빠르기를 겨루는 경기
오죽 [烏竹] 대나무의 한 종류
죽공 [竹工] 대나무를 재료로 하는 세공

 **7주** 준4급 도전 38회

교정시간 | 10분 | 15분 | 20분 | 기타   분

▶ 한자교정선틀에서 비율과 크기에 맞게 써 봅시다.

군중 [群衆] 한곳에 많이 모여 있는 사람
증가 [增加] 더하여 많아짐
증진 [增進] 점점 더 늘어 가고 나아감

지극 [至極] 더할 나위 없음
약지 [藥指] 가운뎃손가락과 새끼손가락 사이의 손가락
지류 [支流] 물의 원줄기에서 갈려 흐르는 물줄기

지향 [志向] 뜻이 쏠리는 방향이나 의지
의지 [意志] 어떠한 일을 이루고자 하는 마음
직무 [職務] 책임을 지고 맡은 사무

진실 [眞實] 거짓이 아닌 사실
전진 [前進] 앞으로 나아감
순차 [順次] 돌아오는 차례

7주 준4급 도전 39회

교정시간 | 10분 | 15분 | 20분 | 기타   분

▶ 한자교정선틀에서 비율과 크기에 맞게 써 봅시다.

察	살필 찰 宀부11획 (총14획)
創	비롯할 창 刂부10획 (총12획)
處	곳 처 虍부5획 (총11획)
請	청할 청 言부8획 (총15획)
總	거느릴 총 糸부11획 (총17획)

관찰 [觀察] 사물을 자세히 살펴봄
고찰 [考察] 깊이 생각하고 연구함
창조 [創造] 없던 것을 처음으로 만듦
처소 [處所] 사람이 살거나, 임시로 머무는 곳
청탁 [請託] 남에게 부탁함
총괄 [總括] 여러 가지를 한데 모아서 묶음

銃	총 총 金부6획 (총14획)
築	쌓을 축 竹부10획 (총16획)
蓄	모을 축 艹부10획 (총14획)
蟲	벌레 충 虫부12획 (총18획)
忠	충성 충 心부4획 (총8획)

권총 [拳銃] 한 손으로 다루는 작은 총
건축 [建築] 세우거나 쌓아 만드는 일
축적 [蓄積] 쌓여서 모아짐
축재 [蓄財] 재산을 모음
살충 [殺蟲] 벌레나 해충을 죽임
충성 [忠誠] 마음에서 우러나는 정성

7주 준4급 도전 39회

교정시간 10분 15분 20분 기타   분

▶ 한자교정선틀에서 비율과 크기에 맞게 써 봅시다.

取	취할 취 又부6획 (총8획)
測	잴 측 氵부9획 (총12획)
治	다스릴 치 氵부5획 (총8획)
置	둘 치 罒부8획 (총13획)
齒	이 치 齒부0획 (총15획)

탈취 [奪取] 빼앗아 가짐
측량 [測量] 기기로 물건 따위를 잼
통치 [統治] 도맡아 다스림
치안 [治安] 나라를 편안하게 다스림
안치 [安置] 안전하게 잘 둠
치아 [齒牙] '이'를 점잖게 이르는 말

侵	침노할 침 亻부7획 (총9획)
快	쾌할 쾌 忄부4획 (총7획)
態	모양 태 心부10획 (총14획)
統	거느릴 통 糸부6획 (총12획)
退	물러날 퇴 辶부6획 (총10획)

침략 [侵略] 침범하여 약탈함
침입 [侵入] 침범하여 들어감
상쾌 [爽快] 시원하고 산뜻함
태도 [態度] 속의 뜻이 보이는 겉모양
통괄 [統括] 낱낱의 일을 한데 묶어서 잡음
퇴근 [退勤] 근무를 마치고 돌아가거나 돌아옴

7주 준4급 도전 39회

교정시간 10분 15분 20분 기타   분

▶ 한자교정선틀에서 비율과 크기에 맞게 써 봅시다.

破	깨뜨릴 파 石부5획 (총10획)									
波	물결 파, 방죽 피 氵부5획 (총8획)									
砲	대포 포 石부5획 (총10획)									
布	베 포 巾부2획 (총5획)									
包	쌀 포 勹부3획 (총5획)									

파괴 [破壞] 깨뜨려 헐어 버림
파국 [破局] 사태가 잘못되어 결판이 남
파문 [波紋] 다른 데에 미치는 영향

포탄 [砲彈] 대포의 탄환
포교 [布敎] 종교를 널리 폄
포함 [包含] 함께 들어 있거나 함께 넣음

暴	나타낼 폭, 사나울 포 日부11획 (총15획)									
票	쪽지 표 示부6획 (총11획)									
限	한계 한 阝부6획 (총9획)									
航	배 항 舟부4획 (총10획)									
港	항구 항 氵부9획 (총12획)									

포악 [暴惡] 사납고 악함
투표 [投票] 일정한 장소에 제출하는 일
표결 [票決] 표를 하여 결정함

무한 [無限] 제한이나 한계가 없음
항해 [航海] 배로 바다 위를 다님
항구 [港口] 부두 따위를 설비한 곳

7주 준4급 도전 39회

교정시간 | 10분 | 15분 | 20분 | 기타   분

▶ 한자교정선틀에서 비율과 크기에 맞게 써 봅시다.

解	풀 해 角부6획 (총13획)
鄕	시골 향 阝부10획 (총13획)
香	향기 향 香부0획 (총9획)
虛	빌 허 虍부6획 (총12획)
驗	시험 험 馬부13획 (총23획)

해석 [解釋] 표현된 내용을 이해하고 설명함
해결 [解決] 얽힌 일을 잘 풀어 처리함
타향 [他鄕] 제 고장이 아닌 다른 고장

향기 [香氣] 좋은 냄새
허무 [虛無] 매우 허전하고 쓸쓸함
효험 [效驗] 약 따위의 효력

賢	어질 현 貝부8획 (총15획)
血	피 혈 血부0획 (총6획)
協	도울 협 十부6획 (총8획)
惠	은혜 혜 心부8획 (총12획)
呼	부를 호 口부5획 (총8획)

현명 [賢明] 어질고 슬기로워 사리에 밝음
혈전 [血戰] 죽음을 무릅쓰고 맹렬히 하는 전투
협동 [協同] 서로 마음과 힘을 하나로 합함

협력 [協力] 힘을 합하여 서로 도움
은덕 [恩德] 은혜와 덕
호명 [呼名] 이름을 부름

7주 준4급 도전 40회

교정시간 | 10분 | 15분 | 20분 | 기타   분

▶ 한자교정선틀에서 비율과 크기에 맞게 써 봅시다.

好	좋을 호 女부3획 (총6획)
戶	집 호 戶부0획 (총4획)
護	보호할 호 言부14획 (총21획)
貨	재물 화 貝부4획 (총11획)
確	굳을 확 石부10획 (총15획)

호인 [好人] 인품이 좋은 사람
호적 [戶籍] 한 집안의 신분을 기록한 공문서
호구 [戶口] 호적상 집의 수효와 식구 수
호국 [護國] 나라를 보호하고 지킴
화폐 [貨幣] 상품교환의 매개체로서 지불수단
확실 [確實] 틀림없이 그러함

回	돌아올 회 口부3획 (총6획)
吸	마실 흡 口부4획 (총7획)
興	일어날 흥 臼부9획 (총16획)
希	바랄 희 巾부4획 (총7획)

회복 [回復] 원래의 상태로 되돌림
회갑 [回甲] 환갑. 만 60세의 생일
흡입 [吸入] 빨아들임
중흥 [中興] 쇠퇴하던 것이 다시 일어남
희망 [希望] 어떤 기대를 가지고 바람

7주 도전 40회

숫자교정연습

▶ 숫자를 숫자교정선틀에 바르게 써 봅시다.

[보기] 1234567890 1234567890

7주 도전 40회

숫자교정연습

▶ 숫자를 숫자교정선틀에 바르게 써 봅시다.

[보기] 1234567890123456 7890

7주 도전 40회

숫자교정연습

▶ 숫자를 숫자교정선틀에 바르게 써 봅시다.

[보기] 1 2 3 4 5 6 7 8 9 0 1 2 3 4 5 6 7 8 9 0

7주 4급 도전 41회

교정시간 | 10분 | 15분 | 20분 | 기타 분

▶ 한자교정선틀에서 비율과 크기에 맞게 써 봅시다.

暇	겨를 가 日부9획 (총13획)
刻	새길 각 刂부6획 (총8획)
覺	깨달을 각, 깰 교 見부13획 (총20획)
干	방패 간 干부0획 (총3획)
看	볼 간 目부4획 (총9획)

여가 [餘暇] 일이 없어 한가로운 시간
조각 [彫刻] 새기거나 깎아서 형상을 만듦
각오 [覺悟] 도리를 깨달음

각성 [覺醒] 깨달아 정신을 차림
간섭 [干涉] 남의 일에 참견함
간과 [看過] 대강 보아 넘김

簡	대쪽 간 竹부12획 (총18획)
敢	감히 감 攴부8획 (총12획)
甘	달 감 甘부0획 (총5획)
甲	갑옷 갑, 친압할 압 甲부0획 (총5획)
拒	막을 거 扌부5획 (총8획)

간략 [簡略] 손쉽고 간단함
간소 [簡素] 간단하고 수수함
용감 [勇敢] 씩씩하고 겁이 없음

감미 [甘味] 단맛
갑자 [甲子] 육십갑자의 첫째
거부 [拒否] 거절하여 받아들이지 않음

7주 4급 도전 41회

교정시간 | 10분 | 15분 | 20분 | 기타 　분

▶ 한자교정선틀에서 비율과 크기에 맞게 써 봅시다.

據 의거할 거 　扌부13획 (총16획)

巨 클 거 　工부2획 (총5획)

居 살 거, 어조사 기 　尸부5획 (총8획)

傑 뛰어날 걸 　亻부10획 (총12획)

儉 검소할 검 　亻부13획 (총15획)

거점 [據點] 활동의 근거가 되는 중요한 지점
근거 [根據] 근본이 되는 토대
거장 [巨匠] 예술계에서 뛰어난 사람
거류 [居留] 일시적으로 머물러 삶
걸출 [傑出] 남보다 훨씬 뛰어남
검소 [儉素] 사치스럽지 않고 수수함

擊 칠 격 　手부13획 (총17획)

激 과격할 격 　氵부13획 (총16획)

堅 굳을 견 　土부8획 (총11획)

犬 개 견 　犬부0획 (총4획)

驚 놀랄 경 　馬부13획 (총23획)

격추 [擊墜] 쏘아 떨어뜨림
격파 [擊破] 쳐서 깨뜨림
격렬 [激烈] 말이나 행동이 세차고 사나움
견고 [堅固] 굳고 단단함
견공 [犬公] 개
경악 [驚愕] 소스라치게 놀람

7주 4급 도전 41회

교정시간 | 10분 | 15분 | 20분 | 기타   분

▶ 한자교정선틀에서 비율과 크기에 맞게 써 봅시다.

傾	기울 경 亻부11획 (총13획)
鏡	거울 경 金부11획 (총19획)
更	고칠 경, 다시 갱 日부획 (총7획)
鷄	닭 계 鳥부10획 (총21획)
系	이을 계 糸부1획 (총7획)

경사 [傾斜] 비스듬히 기울어짐
경향 [傾向] 한쪽으로 향하기 쉬운 성질
경대 [鏡臺] 거울을 달아 세운 화장대
경신 [更新] 종전의 것을 새롭게 고침
계란 [鷄卵] 달걀
가계 [家系] 한 집안의 계통

繼	이어맬 계 糸부14획 (총20획)
階	섬돌 계 阝부9획 (총12획)
季	계절 계 子부5획 (총8획)
戒	경계할 계 戈부3획 (총7획)
孤	외로울 고 子부5획 (총8획)

계속 [繼續] 끊이지 않고 이어 나감
계승 [繼承] 조상의 전통을 이어받음
계층 [階層] 사회를 구성하는 층계
계절 [季節] 날씨에 따라 나눈 그 한 철
경계 [警戒] 잘못되지 않도록 미리 조심하는 것
고독 [孤獨] 매우 외롭고 쓸쓸함

7주 4급 도전 41회

교정시간 | 10분 | 15분 | 20분 | 기타   분

▶ 한자교정선틀에서 비율과 크기에 맞게 써 봅시다.

	곳집 고 广부획 (총10획)
	곡식 곡 禾부10획 (총15획)
	곤할 곤 口부4획 (총7획)
	뼈 골 骨부0획 (총10획)
	칠 공 攵부3획 (총7획)

창고 [倉庫] 물건을 저장이나 보관하는 건물
오곡 [五穀] 쌀, 보리, 콩, 조, 기장의 곡식
곤란 [困難] 몹시 어렵고 궁핍함

곤경 [困境] 딱한 어려운 형편이나 처지
골격 [骨格] 뼈의 조직. 뼈대
공격 [攻擊] 적을 침

	구멍 공 子부획 (총4획)
	피리 관 竹부1획 (총14획)
	쇳돌 광 金부15획 (총23획)
	얽을 구 木부10획 (총14획)
	임금 군 口부4획 (총7획)

동공 [瞳孔] 눈동자
주관 [主管] 책임을 지고 맡아 관리함
관할 [管轄] 지배가 미치는 범위

광산 [鑛山] 광물을 캐내는 산
구조 [構造] 꾸밈새
폭군 [暴君] 포악한 군주

7주 글씨교정평가 보내기

1. 반드시 첨삭지도용을 보내서 매주 첨삭지도평가에 합격하고 다음 단계를 이수하여야 합니다.
2. 매주 첨삭지도용을 작성해서 팩스나, 우편 또는 스캔, 디카, 휴대폰카메라 등을 이용한 회원은 홈페이지 고객센터로 첨부파일을 반드시 보내주시기 바랍니다.
3. 보내주신 첨삭지도용 글씨교정평가를 바른글씨 홈페이지 고객센터게시판에서 꼭 확인하시기 바랍니다.

교정시간 | 10분 | 15분 | 20분 | 기타   분

衆 무리 중 血부6획 (총12획)

增 더할 증 土부12획 (총15획)

至 이를 지 至부0획 (총6획)

指 가리킬 지 扌부6획 (총9획)

支 지탱할 지 支부0획 (총4획)

試 시험할 시 言부6획 (총13획)

詩 시 시 言부6획 (총13획)

施 베풀 시 方부5획 (총9획)

息 숨쉴 식 心부6획 (총10획)

申 납 신 田부0획 (총5획)

첨삭지도평가
FAX:031-898-4663
glssi@naver.com

 첨삭지도용

7주 글씨교정평가 보내기

1. 반드시 첨삭지도용을 보내서 매주 첨삭지도평가에 합격하고 다음 단계를 이수하여야 합니다.
2. 매주 첨삭지도용을 작성해서 팩스나, 우편 또는 스캔, 디카, 휴대폰카메라 등을 이용한 회원은 홈페이지 고객센터로 첨부파일을 반드시 보내주시기 바랍니다.
3. 보내주신 첨삭지도용 글씨교정평가를 바른글씨 홈페이지 고객센터게시판에서 꼭 확인하시기 바랍니다.

교정시간 | 10분 | 15분 | 20분 | 기타 분

修	닦을 수	亻부8획 (총10획)
受	받을 수	又6획 (총8획)
承	받들 승	手부4획 (총8획)
是	옳을 시	日부5획 (총9획)
視	볼 시	見부5획 (총12획)
志	뜻 지, 기치 치	心부3획 (총7획)
職	직책 직	耳부12획 (총18획)
眞	참 진	目부5획 (총10획)
進	나아갈 진, 선사 신	辶부8획 (총12획)
次	버금 차	欠부2획 (총6획)

첨삭지도평가
FAX:031-898-4663
glssi@naver.com

특허한자교정틀에서 바로잡는
한자쓰기교정의 정석

8주

 글씨교정 성공을 위한 특허교재 활용법

1. 글씨교정을 반드시 성공하는 활용법
본 특허교재로 글씨교정을 성공하려면 반드시 매주 첨삭지도평가에 합격하고 다음 단계를 이수하여야 글씨교정성공의 결과물을 얻을 수 있습니다.

2. 매일 1~2시간 정도 꾸준히 글씨교정하기
불규칙적인 글씨교정연습은 글씨교정이 잘 되지 않아서 원상태의 악필로 되돌아가는 원인이 됩니다.

8주 4급 도전 43회

교정시간 | 10분 | 15분 | 20분 | 기타   분

▶ 한자교정선틀에서 비율과 크기에 맞게 써 봅시다.

群	무리 군 羊부7획 (총13획)
屈	굽을 굴 尸부5획 (총8획)
窮	다할 궁 穴부10획 (총15획)
勸	권할 권 力부18획 (총20획)
券	문서 권 刀부6획 (총8획)

군집 [群集] 떼를 지어 모임
굴욕 [屈辱] 남에게 억눌리어 업신여김을 받음
굴지 [屈指] 손가락을 꼽아 헤아림
궁리 [窮理] 깊이 생각해냄
강권 [强勸] 억지로 권함
증권 [證券] 증거가 되는 문서

卷	책 권 㔾부6획 (총8획)
歸	돌아갈 귀 止부14획 (총18획)
均	고를 균 土부4획 (총7획)
劇	심할 극 刂부13획 (총15획)
勤	부지런할 근 力부11획 (총13획)

권말 [卷末] 책의 맨 끝. 마지막 권
귀가 [歸家] 집으로 돌아감
귀향 [歸鄕] 고향으로 돌아감
균형 [均衡] 치우치지 않고 고른 상태
극장 [劇場] 무대와 객석을 설치한 건물
근면 [勤勉] 부지런히 일함

8주 4급 도전 43회

교정시간 10분 15분 20분 기타   분

▶ 한자교정선틀에서 비율과 크기에 맞게 써 봅시다.

筋	힘줄 근 竹부6획 (총12획)
寄	부칠 기 宀부8획 (총11획)
奇	기이할 기 大부5획 (총8획)
機	틀 기 木부12획 (총16획)
紀	벼리 기 糸부3획 (총9획)

근육 [筋肉] 힘줄과 살
근력 [筋力] 근육의 힘
기증 [寄贈] 물품을 타인에게 거저 줌

기인 [奇人] 보통 사람과 다른 별난 사람
기계 [機械] 기구 장치
기강 [紀綱] 규율과 질서

納	들일 납 糸부4획 (총10획)
段	층계 단 殳부5획 (총9획)
徒	무리 도 彳부7획 (총10획)
盜	도둑 도 皿부7획 (총12획)
逃	달아날 도 辶부6획 (총10획)

납득 [納得] 이해함
납부 [納付] 세금이나 공과금을 냄
단락 [段落] 일정한 정도에 매듭지음

도보 [徒步] 타지 않고 걸음
도적 [盜賊] 도둑
도피 [逃避] 몸을 피함

8주 4급 도전 43회

교정시간 | 10분 | 15분 | 20분 | 기타   분

▶ 한자교정선틀에서 비율과 크기에 맞게 써 봅시다.

亂	어지러울 란(난) 乙부12획 (총13획)
卵	알 란(난) 卩부5획 (총7획)
覽	볼 람(남) 見부14획 (총21획)
略	다스릴 략(약) 田부6획 (총11획)
糧	양식 량(양) 米부12획 (총18획)

난국 [亂局] 어지러운 판국
난동 [亂動] 어지럽게 행동함
난육 [卵育] 품에 안아서 고이 기름

관람 [觀覽] 구경함
간략 [簡略] 간단하고 짤막함
식량 [食糧] 먹을 양식

慮	생각할 려(여), 사실할 록 心부11획 (총15획)
烈	세찰 렬(열) 灬부6획 (총10획)
龍	용 룡(용), 언덕 롱, 얼룩 망, 은총 총 龍부0획 (총16획)
柳	버들 류(유) 木부5획 (총9획)
輪	바퀴 륜(윤) 車부8획 (총15획)

우려 [憂慮] 근심하거나 걱정함
열렬 [烈烈] 매우 맹렬함
용안 [容顏] 임금님의 얼굴

용왕 [龍王] 용궁을 다스리는 임금
유엽 [柳葉] 버드나무의 잎
윤곽 [輪廓] 테두리나 대강의 모습

8주 4급 도전 43회

교정시간 10분 15분 20분 기타   분

▶ 한자교정선틀에서 비율과 크기에 맞게 써 봅시다.

離	떠날 리(이) 隹부11획 (총19획)
妹	손아랫누이 매 女부5획 (총8획)
勉	힘쓸 면 力부7획 (총9획)
鳴	울 명 鳥부3획 (총14획)
模	본뜰 모 木부11획 (총15획)

이별 [離別] 서로 헤어짐
이합 [離合] 헤어짐과 모임
매제 [妹弟] 누이동생의 남편

면학 [勉學] 학문에 힘씀
명고 [鳴鼓] 북을 울림
모범 [模範] 본받아할 대상

墓	무덤 묘 土부11획 (총14획)
妙	묘할 묘 女부4획 (총7획)
舞	춤출 무 舛부8획 (총14획)
拍	칠 박 扌부5획 (총8획)
髮	터럭 발 髟부5획 (총15획)

묘지 [墓地] 무덤
묘비 [墓碑] 무덤 앞에 세우는 비석
묘약 [妙藥] 신통한 약

무용 [舞踊] 춤. 무도
박수 [拍手] 손뼉을 마주 침
발부 [髮膚] 머리털과 피부

8주 4급 도전 44회

교정시간 | 10분 | 15분 | 20분 | 기타   분

▶ 한자교정선틀에서 비율과 크기에 맞게 써 봅시다.

妨	방해할 방 女부4획 (총7획)
範	법 범 竹부9획 (총15획)
犯	범할 범 犭부2획 (총5획)
辯	말씀 변, 고를 평, 두루미칠 편 辛부14획 (총21획)
普	널리 보 日부8획 (총12획)

방해 [妨害] 헤살을 놓아 해를 끼침
범위 [範圍] 정해진 구역. 테두리
범례 [範例] 본보기가 되는 예
범죄 [犯罪] 죄를 저지름
변명 [辯明] 잘못에 대해 까닭을 말함
보편 [普遍] 일반적으로 널리 다 들어맞음

複	겹옷 복 衤부9획 (총14획)
伏	엎드릴 복, 안을 부 亻부4획 (총6획)
負	질 부 貝부2획 (총9획)
否	아닐 부, 막힐 비 口부4획 (총7획)
粉	가루 분 米부4획 (총10획)

복합 [複合] 두 가지 이상이 합쳐서 하나가 됨
복수 [複數] 둘 이상의 수
복병 [伏兵] 숨어서 적을 기습하는 군사
부담 [負擔] 책임이나 의무
부정 [否定] 그렇다고 인정하지 않음
분말 [粉末] 가루

143

8주 4급 도전 44회

교정시간 10분 15분 20분 기타   분

▶ 한자교정선틀에서 비율과 크기에 맞게 써 봅시다.

憤	성낼 분 忄부12획 (총15획)
批	비평할 비 扌부4획 (총7획)
碑	비석 비 石부8획 (총13획)
辭	말씀 사 辛부12획 (총19획)
私	사사 사 禾부2획 (총7획)

분노 [憤怒] 몹시 분개함
분사 [憤死] 분한 나머지죽음
비평 [批評] 옳고 그름을 말함

비천 [卑賤] 지체가 낮고 천함
사전 [辭典] 낱말의 뜻을 해설한 책
사유 [私有] 개인의 소유물

絲	실 사 糸부6획 (총12획)
射	쏠 사, 벼슬이름 야, 맞힐 석, 싫어할 역 寸부7획 (총10획)
散	흩을 산 攵부8획 (총12획)
傷	상처 상 亻부11획 (총13획)
象	코끼리 상 豕부5획 (총12획)

사마 [絲麻] 명주실과 삼실
사격 [射擊] 총, 대포, 활 따위를 쏨
산란 [散亂] 어수선하고 어지러움

산만 [散漫] 흩어져서 어수선함
상처 [傷處] 부상을 입은 자리
상아 [象牙] 코끼리의 어금니

8주 4급 도전 44회

교정시간 | 10분 | 15분 | 20분 | 기타 분

▶ 한자교정선틀에서 비율과 크기에 맞게 써 봅시다.

| 宣 | 베풀 선
宀부6획
(총9획) | | | | | | | | | | | |

| 舌 | 혀 설
舌부0획
(총6획) | | | | | | | | | | | |

| 屬 | 무리 속, 부탁할 촉
尸부18획
(총21획) | | | | | | | | | | | |

| 損 | 덜 손
扌부10획
(총13획) | | | | | | | | | | | |

| 松 | 소나무 송
木부4획
(총8획) | | | | | | | | | | | |

선언 [宣言] 의견을 널리 공표함
선포 [宣布] 세상에 널리 알림
설전 [舌戰] 말다툼
속국 [屬國] 다른 나라에 지배를 받는 나라
손해 [損害] 손실을 입음
송충 [松蟲] 송충이

| 頌 | 기릴 송
頁부4획
(총13획) | | | | | | | | | | | |

| 秀 | 빼어날 수
禾부2획
(총7획) | | | | | | | | | | | |

| 叔 | 아저씨 숙
又부6획
(총8획) | | | | | | | | | | | |

| 肅 | 엄숙할 숙
聿부7획
(총13획) | | | | | | | | | | | |

| 崇 | 높을 숭
山부8획
(총11획) | | | | | | | | | | | |

송사 [送辭] 송별사
수재 [秀才] 재주가 뛰어난 사람
수려 [秀麗] 빼어나게 아름다움
숙부 [叔父] 작은아버지
엄숙 [嚴肅] 장엄하고 정숙함
숭고 [崇高] 뜻이 높고 고상함

8주 4급 도전 44회

교정시간 10분 15분 20분 기타 분

▶ 한자교정선들에서 비율과 크기에 맞게 써 봅시다.

氏	성 씨 氏부0획 (총4획)
額	이마 액 頁부9획 (총18획)
樣	모양 양 木부11획 (총15획)
嚴	엄할 엄 口부17획 (총20획)
與	더불 여 臼부7획 (총14획)

씨족 [氏族] 같은 조상을 가진 사회집단
액면 [額面] 겉으로 드러난 사물의 가치
액수 [額數] 돈의 머릿수

양태 [樣態] 놓여 있는 모양이나 형편
엄밀 [嚴密] 엄격하고 세밀함
여신 [與信] 고객에게 돈을 빌려줌

域	지경 역 土부8획 (총11획)
易	바꿀 역, 쉬울 이 日부4획 (총8획)
燃	탈 연 火부12획 (총16획)
延	늘일 연 廴부4획 (총7획)
緣	인연 연 糸부9획 (총15획)

역내 [域內] 일정한 구역의 안
역학 [易學] 음양 과 이치를 연구하는 학문
연소 [燃燒] 불에 탐

연기 [延期] 기한을 연장함
연체 [延滯] 기한 내에 약속을 지키지 못함
연고 [緣故] 까닭, 혈연, 지연관계

8주 4급 도전 45회

교정시간 | 10분 | 15분 | 20분 | 기타 분

▶ 한자교정선틀에서 비율과 크기에 맞게 써 봅시다.

鉛 납 연 金부5획 (총13획)

映 비출 영 日부5획 (총9획)

營 경영할 영 火부13획 (총17획)

迎 맞이할 영 辶부4획 (총8획)

豫 미리 예 豕부9획 (총16획)

아연 [亞鉛] 도금을 할 때 쓰는 무른 금속
영사 [映寫] 환등이나 영화를 상영함
영업 [營業] 영리를 목적으로 하는 사업
영양 [營養] 필요한 성분이나 불가결한 양분
영접 [迎接] 손님을 대접하는 일
예정 [豫定] 미리 정하거나 예상함

優 넉넉할 우 亻부15획 (총17획)

遇 만날 우 辶부9획 (총13획)

郵 우편 우 阝부8획 (총11획)

援 도울 원 扌부9획 (총12획)

源 근원 원 氵부10획 (총13획)

우환 [憂患] 걱정이나 근심
우려 [憂慮] 근심하거나 걱정함
우대 [優待] 알맞게 잘 대우함
우표 [郵票] 우편물에 붙이는 증표
원군 [援軍] 도와 주러 온 군사
원류 [源流] 물의 본줄기

8주 4급 도전 45회

교정시간 | 10분 | 15분 | 20분 | 기타 | 분

▶ 한자교정선틀에서 비율과 크기에 맞게 써 봅시다.

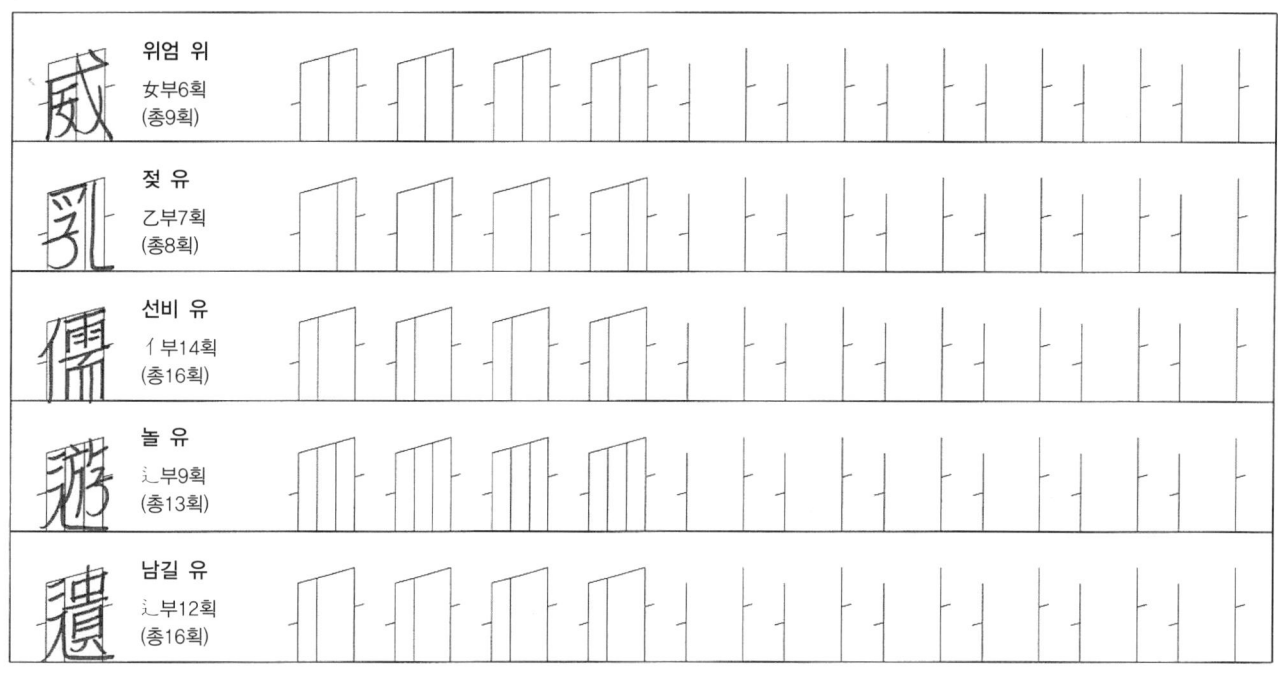

원망 [怨望] 남을 못마땅하게 여기고 미워함
원성 [怨聲] 원망하는 소리
위험 [危險] 위태로워 안전하지 못함

위기 [圍棋] 바둑 두는 일
위안 [慰安] 마음을 편안하게 해줌
위임 [委任] 권리나 책임을 남에게 맡김

위신 [威信] 위엄과 신망
위엄 [威嚴] 위광이 있고 엄숙함
유모 [乳母] 어머니 대신 젖을 먹여 주는 여자

유학 [儒學] 공자를 시조로 하는 전통적인 학문
유람 [遊覽] 돌아다니면서 구경함
유산 [遺産] 사후에 남겨 놓은 재산

8주 4급 도전 45회

교정시간 | 10분 | 15분 | 20분 | 기타   분

▶ 한자교정선틀에서 비율과 크기에 맞게 써 봅시다.

隱	숨을 은 阝부14획 (총17획)
儀	거동 의 亻부13획 (총15획)
依	의지할 의 亻부6획 (총8획)
疑	의심할 의, 정할 응 疋부14획 (총16획)
異	다를 이 田부6획 (총11획)

은덕 [隱德] 남모르게 베푸는 덕행
은둔 [隱遁] 세상일을 피하여 숨음
의식 [儀式] 의례를 치르는 행사
의존 [依存] 의지하고 있음
의심 [疑心] 믿지 못하는 생각
이채 [異彩] 색다른 빛깔

仁	어질 인 亻부2획 (총4획)
姿	맵시 자 女부6획 (총9획)
資	재물 자 貝부6획 (총13획)
殘	잔인할 잔 歹부8획 (총12획)
雜	섞일 잡 隹부10획 (총18획)

인의 [仁義] 인자함과 의로운 것
인술 [仁術] 의술
자태 [姿態] 모습이나 태도
자본 [資本] 사업에 기본이 되는 돈
잔인 [殘忍] 인정이 없고 아주 잔악함
잡종 [雜種] 여러 가지 뒤섞인 종류

8주 4급 도전 45회

교정시간 | 10분 | 15분 | 20분 | 기타   분

▶ 한자교정선틀에서 비율과 크기에 맞게 써 봅시다.

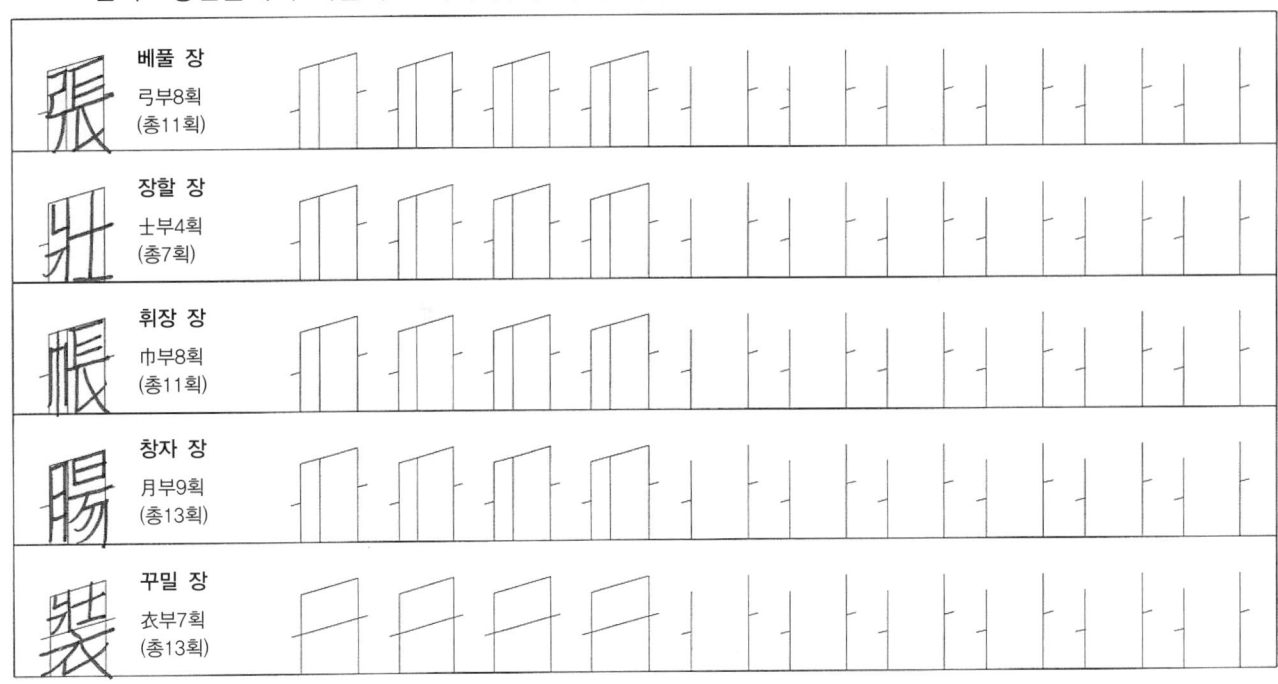

장력 [張力] 당기거나 당겨지는 힘
장사 [壯士] 기개와 골격이 굳센 장정
장정 [壯丁] 젊고 건장한 남자
장부 [帳簿] 수입과 지출을 적어 두는 책
장염 [腸炎] 창자의 점막에 생기는 염증
장식 [裝飾] 겉모양을 꾸밈

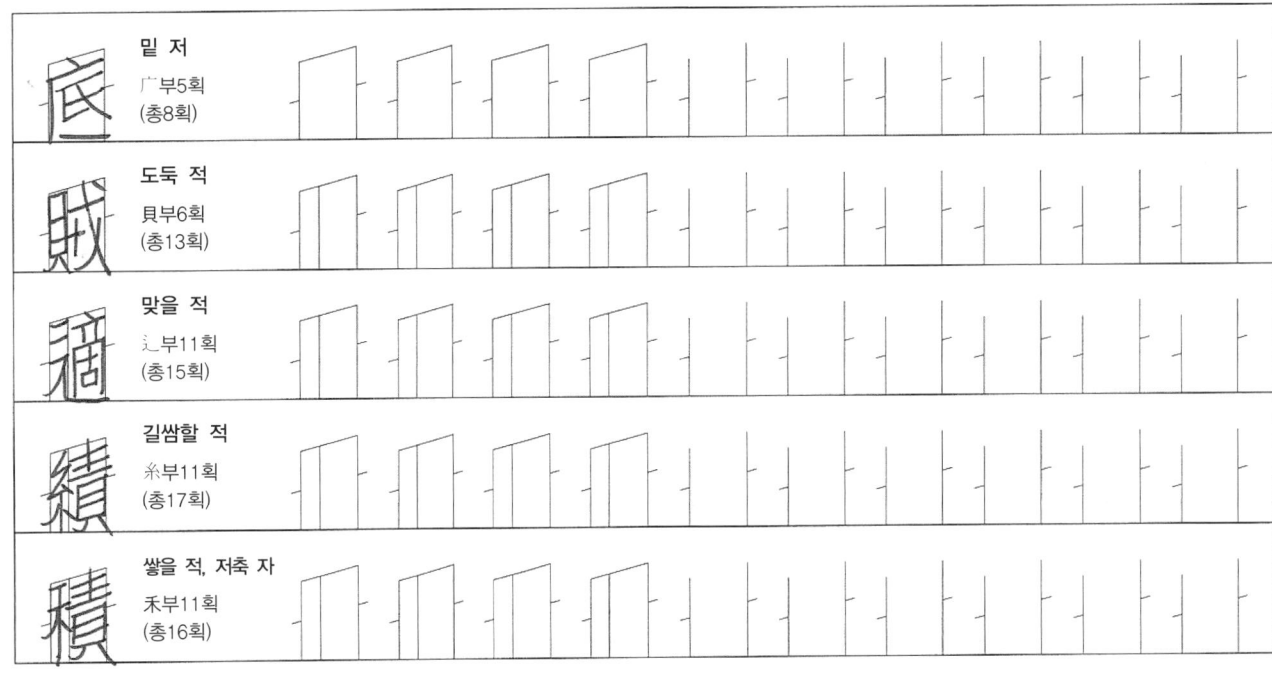

저력 [底力] 듬직하게 버티어 내는 강한 힘
저류 [底流] 바닥을 흐르는 물결
적굴 [賊窟] 도둑의 소굴
적당 [適當] 모자람이 없이 알맞음
방적 [紡績] 실을 뽑는 일
적극 [積極] 긍정적이고 능동적으로 활동함

8주 4급 도전 46회

교정시간 | 10분 | 15분 | 20분 | 기타   분

▶ 한자교정선틀에서 비율과 크기에 맞게 써 봅시다.

籍	서적 적, 온화할 자 竹부14획 (총20획)
錢	돈 전 金부8획 (총16획)
轉	구를 전 車부11획 (총18획)
專	오로지 전 寸부8획 (총11획)
折	꺾을 절, 천천히할 제 扌부4획 (총7획)

본적 [本籍] 일정한 곳에 고정하여 둔 본적
전주 [錢主] 사업 밑천을 대는 사람
전가 [轉嫁] 책임을 덮어씌움

전용 [轉用] 다른 목적으로 돌려서 씀
전임 [專任] 오로지 그 일만 맡김
절삭 [切削] 자르거나 깎음

點	점 점 黑부5획 (총17획)
占	점령할 점 卜부3획 (총5획)
丁	고무래 정 一부1획 (총2획)
靜	고요할 정 靑부8획 (총16획)
整	가지런할 정 攴부12획 (총16획)

점멸 [點滅] 등불이 켜졌다 꺼졌다 함
점선 [點線] 많은 짧은 선으로 이루어진 선
점령 [占領] 일정한 지역을 지배함

정야 [丁夜] 오전 1시부터 3시까지
정숙 [貞淑] 행실이 곧고 마음씨가 고움
정비 [整備] 반듯하게 제대로 정리함

8주 4급 도전 46회

교정시간 | 10분 | 15분 | 20분 | 기타   분

▶ 한자교정선틀에서 비율과 크기에 맞게 써 봅시다.

帝	임금 제 巾부6획 (총9획)
條	가지 조 木부7획 (총11획)
潮	조수 조 氵부12획 (총15획)
組	짤 조 糸부5획 (총11획)
存	있을 존 子부3획 (총6획)

제왕 [帝王] 황제와 국왕
조목 [條目] 낱낱이 적은 문서나 법령
조항 [條項] 낱낱이 적은 항목

조수 [潮水] 바닷물이 높고 낮아짐
조직 [組織] 개개의 요소가 모여 있는 집단
존재 [存在] 현재 현존하여 있음

從	좇을 종 彳부8획 (총11획)
鍾	쇠북 종 金부12획 (총20획)
座	자리 좌 广부7획 (총10획)
周	두루 주 口부5획 (총8획)
朱	붉을 주 木부2획 (총6획)

종사 [從事] 어떤 일을 일삼아서 다함
종각 [鐘閣] 큰 종을 달아 놓은 누각
좌담 [座談] 둘러 앉아 의견을 나눔

좌중 [座中] 여러 사람이 모인 자리
주위 [周圍] 어떤 곳의 바깥 둘레
주황 [朱黃] 빨강과 노랑의 중간색

8주 4급 도전 46회

교정시간 | 10분 | 15분 | 20분 | 기타   분

▶ 한자교정선틀에서 비율과 크기에 맞게 써 봅시다.

酒	술 주 酉부3획 (총10획)
證	증거 증 言부12획 (총19획)
智	지혜 지 日부8획 (총12획)
持	가질 지 扌부6획 (총9획)
誌	기록할 지 言부7획 (총14획)

주점 [酒店] 술집
주조 [酒造] 술을 만듦
증명 [證明] 사실임을 증거를 들어서 밝힘
지혜 [智慧] 옳고 그름을 가려내는 슬기
지속 [持續] 오래 상태로 계속됨
지령 [誌齡] 잡지의 나이

織	짤 직, 기치 치 糸부12획 (총18획)
珍	보배 진 王부5획 (총9획)
盡	다할 진 皿부9획 (총14획)
陣	진칠 진 阝부7획 (총10획)
差	어긋날 차, 어긋날 치, 버금 채 工부7획 (총10획)

직조 [織造] 천을 짜는 일
진미 [眞味] 참된 맛
진기 [珍奇] 희귀하고 신기함
진심 [盡心] 마음을 다함
진영 [陣營] 군대가 집결하고 있는 곳
차이 [差異] 서로 같지 아니하고 틀림

 **4급 도전 46회**

교정시간 | 10분 | 15분 | 20분 | 기타 분

▶ 한자교정선틀에서 비율과 크기에 맞게 써 봅시다.

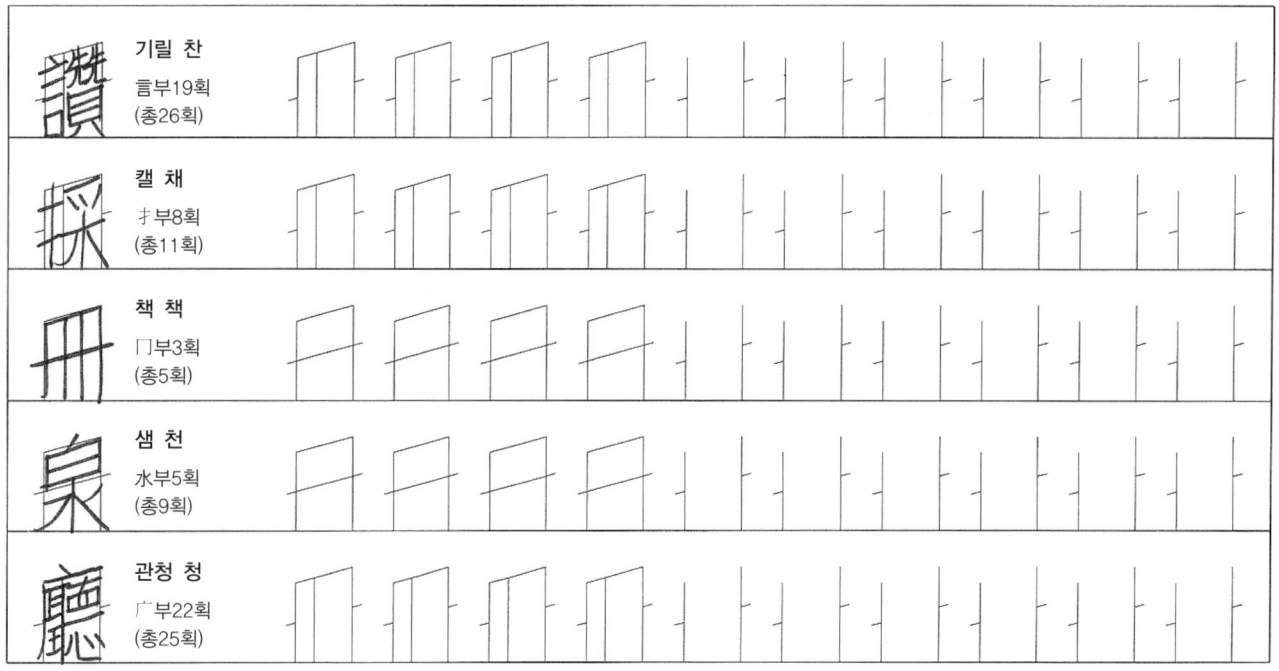

찬미 [讚美] 아름다운 덕을 칭송함
찬송 [讚頌] 칭찬하고 칭송함
채취 [採取] 찾아서 캐냄

책방 [冊房] 서점
천수 [泉水] 샘물
청장 [廳長] '청(廳)' 자의 우두머리

청취 [聽取] 귀를 기울여 자세히 들음
초대 [招待] 손님을 불러 대접함
초청 [招請] 청하여 부름

추론 [推論] 근거를 바탕으로 판단을 끌어냄
축척 [縮尺] 실제의 거리를 줄인 축소 비율
취업 [就業] 일자리를 얻음

8주 4급 도전 47회

교정시간 | 10분 | 15분 | 20분 | 기타   분

▶ 한자교정선틀에서 비율과 크기에 맞게 써 봅시다.

趣	빨리갈 취, 재촉할 촉 走부8획 (총15획)
層	층 층 尸부12획 (총15획)
針	바늘 침 金부2획 (총10획)
寢	잠잘 침 宀부11획 (총14획)
稱	일컬을 칭 禾부9획 (총14획)

취미 [趣味] 마음에 끌리는 흥미
취향 [趣向] 하고 싶은 마음이 생기는 방향
층대 [層臺] 층층대
침선 [針線] 바늘과 실
침낭 [寢囊] 자루 모양으로 만든 침구
칭찬 [稱讚] 좋은 일을 높이 평가함

歎	탄식할 탄 欠부11획 (총15획)
彈	탄알 탄 弓부12획 (총15획)
脫	벗을 탈, 기뻐할 태 月부7획 (총11획)
探	찾을 탐 扌부8획 (총11획)
擇	가릴 택 扌부13획 (총16획)

탄성 [歎聲] 몹시 탄식하는 소리
탄식 [歎息] 한탄하여 한숨을 쉼
탄력 [彈力] 외력에 대해 반발하는 힘
탈출 [脫出] 몸을 빼쳐 도망감
탐색 [探索] 밝히기 위하여 샅샅이 찾음
택일 [擇日] 좋은 날을 고름

 **8주** 4급 도전 47회

교정시간 | 10분 | 15분 | 20분 | 기타 분

▶ 한자교정선틀에서 비율과 크기에 맞게 써 봅시다.

토의 [討議] 검토하고 협의함
토벌 [討伐] 군사로 반항하는 무리를 침
통증 [痛症] 아픈 증세

투쟁 [鬪爭] 싸워서 다툼
투수 [投手] 타자에게 공을 던지는 사람
파벌 [派閥] 한 파에서 갈라진 집단

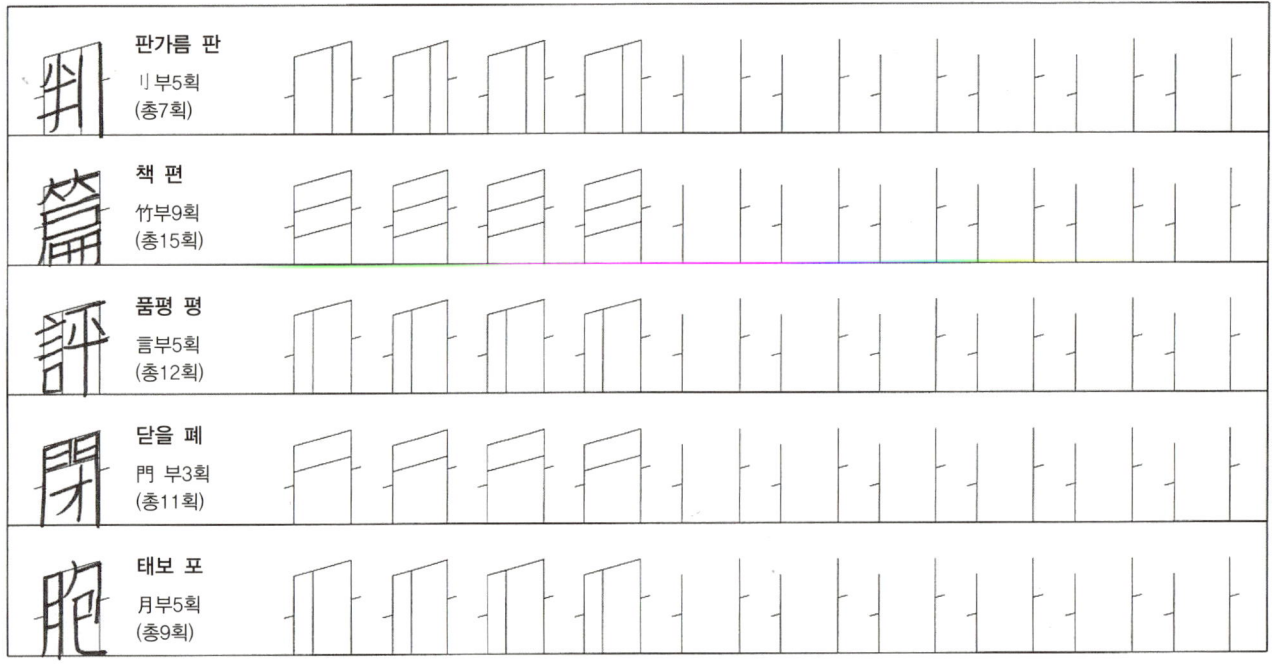

판독 [判讀] 뜻을 헤아리며 읽음
판명 [判明] 명백하게 밝힘
편차 [篇次] 책의 부류의 차례

평가 [評價] 물건 값을 평함
폐쇄 [閉鎖] 문을 닫고 자물쇠로 꼭 채움
포자 [胞子] 식물의 생식세포. 홀씨

8주 4급 도전 47회

교정시간 | 10분 | 15분 | 20분 | 기타   분

▶ 한자교정선틀에서 비율과 크기에 맞게 써 봅시다.

爆	터질 폭, 지질 박 火부15획 (총19획)
標	표 표 示부11획 (총11획)
疲	피곤할 피 疒부5획 (총10획)
避	피할 피 辶부13획 (총17획)
恨	한할 한 阝부6획 (총9획)

폭발 [爆發] 갑작스럽게 터짐
폭약 [爆藥] 폭발하는 물질
표적 [標的] 목표가 되는 물건
피곤 [疲困] 몸이 지치어 고달픔
피신 [避身] 몸을 피하여 숨김
한탄 [恨歎] 한숨짓는 탄식

閑	한가할 한 門부4획 (총12획)
抗	막을 항 扌부4획 (총7획)
降	내릴 강, 항복할 항 阝부6획 (총9획)
核	씨 핵 木부6획 (총10획)
憲	법 헌 心부12획 (총16획)

한산 [閑散] 조용하고 한가함
한가 [閑暇] 할 일이 없어 여유가 있음
항고 [抗告] 판결에 불복 상소하는 일
강하 [降下] 아래로 내림
핵심 [核心] 사물의 중심이 되는 부분
헌정 [憲政] 헌법에 따라 하는 정치

8주 4급 도전 47회

교정시간 | 10분 | 15분 | 20분 | 기타   분

▶ 한자교정선틀에서 비율과 크기에 맞게 써 봅시다.

險	험할 험 阝부13획 (총16획)
革	가죽 혁, 중해질 극 革부0획 (총9획)
顯	나타날 현 頁부14획 (총23획)
刑	형벌 형 刂부4획 (총6획)
或	혹 혹 戈부4획 (총8획)

험난 [險難] 위험하고 어려움
험준 [險峻] 지세가 험하며 높고 가파름
혁명 [革命] 급격한 변혁

현명 [顯名] 이름이 세상에 널리 알려짐
형벌 [刑罰] 죄지은 사람에게 주는 고통
혹자 [或者] 어떤 사람

混	섞을 혼 氵부8획 (총11획)
婚	혼인할 혼 女부8획 (총11획)
紅	붉을 홍, 상복 공 糸부3획 (총9획)
華	빛날 화 艹부8획 (총12획)
環	고리 환 王부13획 (총17획)

혼합 [混合] 뒤섞어서 한데 합함
혼선 [混線] 서로 헝클어지거나 뒤섞임
혼사 [婚事] 혼인에 관한 일

홍안 [紅顔] 붉고 윤색이 나는 얼굴
화교 [華僑] 외국에서 사는 중국사람
환경 [環境] 주위의 사물 또는 사정

8주 4급 도전 48회

교정시간 | 10분 | 15분 | 20분 | 기타   분

▶ 한자교정선틀에서 비율과 크기에 맞게 써 봅시다.

歡	기뻐할 환 欠부18획 (총22획)
況	하물며 황 氵부5획 (총8획)
灰	재 회 火부2획 (총6획)
厚	두터울 후 厂부7획 (총9획)
候	기후 후 亻부8획 (총10획)

환영 [歡迎] 기쁜 마음으로 반갑게 맞음
환희 [歡喜] 매우 기쁨
황차 [況且] 하물며

회벽 [灰壁] 석회를 반죽하여 바른 벽
후덕 [厚德] 두터운 심덕
후보 [候補] 일정한 자격을 갖추어 나섬

| 揮 | 휘두를 휘
扌부9획
(총12획) |
| 喜 | 기쁠 희
口부9획
(총12획) |

휘호 [揮毫] 휘필
희열 [喜悅] 기쁨과 즐거움

8주 글씨교정평가 보내기

1. 반드시 첨삭지도용을 보내서 매주 첨삭지도평가에 합격하고 다음 단계를 이수하여야 합니다.
2. 매주 첨삭지도용을 작성해서 팩스나, 우편 또는 스캔, 디카, 휴대폰카메라 등을 이용한 회원은 홈페이지 고객센터로 첨부파일을 반드시 보내주시기 바랍니다.
3. 보내주신 첨삭지도용 글씨교정평가를 바른글씨 홈페이지 고객센터게시판에서 꼭 확인하시기 바랍니다.

교정시간 | 10분 | 15분 | 20분 | 기타   분

群 무리 군 羊부7획 (총13획)

屈 굽을 굴 尸부5획 (총8획)

窮 다할 궁 穴부10획 (총15획)

勸 권할 권 力부18획 (총20획)

券 문서 권 刀부6획 (총8획)

底 밑 저 广부5획 (총8획)

賊 도둑 적 貝부6획 (총13획)

適 맞을 적 辶부11획 (총15획)

績 길쌈할 적 糸부11획 (총17획)

積 쌓을 적, 저축 자 禾부11획 (총16획)

첨삭지도평가
FAX:031-898-4663
glssi@naver.com

8주 글씨교정평가 보내기

1. 반드시 첨삭지도용을 보내서 매주 첨삭지도평가에 합격하고 다음 단계를 이수하여야 합니다.
2. 매주 첨삭지도용을 작성해서 팩스나, 우편 또는 스캔, 디카, 휴대폰카메라 등을 이용한 회원은 홈페이지 고객센터로 첨부파일을 반드시 보내주시기 바랍니다.
3. 보내주신 첨삭지도용 글씨교정평가를 바른글씨 홈페이지 고객센터게시판에서 꼭 확인하시기 바랍니다.

교정시간 10분 15분 20분 기타   분

張	베풀 장 弓부8획 (총11획)
壯	장할 장 士부4획 (총7획)
帳	휘장 장 巾부8획 (총11획)
腸	창자 장 月부9획 (총13획)
裝	꾸밀 장 衣부7획 (총13획)

卷	책 권 卩부6획 (총8획)
歸	돌아갈 귀 止부14획 (총18획)
均	고를 균 土부4획 (총7획)
劇	심할 극 刂부13획 (총15획)
勤	부지런할 근 力부11획 (총13획)

첨삭지도평가
FAX:031-898-4663
glssi@naver.com

부록 한자쓰기연습장

교정시간 | 10분 | 15분 | 20분 | 기타 분

▶ 한자교정선틀에서 바르게 써 봅시다.

 한자쓰기연습장

교정시간 | 10분 | 15분 | 20분 | 기타   분

▶ 한자교정선틀에서 바르게 써 봅시다.

부록 한자쓰기연습장

교정시간 | 10분 | 15분 | 20분 | 기타   분

▶ 한자교정선틀에서 바르게 써 봅시다.

부록 — 한자쓰기연습장

교정시간 | 10분 | 15분 | 20분 | 기타   분

▶ 한자교정선틀에서 바르게 써 봅시다.

부록 한자쓰기연습장

교정시간 | 10분 | 15분 | 20분 | 기타 분

▶ 한자교정선틀에서 바르게 써 봅시다.

부록 한자쓰기연습장

교정시간 10분 15분 20분 기타   분

▶ 한자교정선틀에서 바르게 써 봅시다.

부록 한자쓰기연습장

최재필의 특허 한자쓰기교정의 정석

교정시간 | 10분 | 15분 | 20분 | 기타   분

▶ 한자교정선틀에서 바르게 써 봅시다.

부록 한자쓰기연습장

교정시간 | 10분 | 15분 | 20분 | 기타 　 분

▶ 한자교정선틀에서 바르게 써 봅시다.

▶ 한자교정선틀에서 바르게 써 봅시다.

부록 한자쓰기연습장

교정시간 | 10분 | 15분 | 20분 | 기타 분

▶ 한자교정선틀에서 바르게 써 봅시다.

부록 한자쓰기연습장

교정시간 | 10분 | 15분 | 20분 | 기타 　분

▶ 한자교정선틀에서 바르게 써 봅시다.

▶ 한자교정선틀에서 바르게 써 봅시다.

| 부록 | 한자쓰기연습장 | 최재민의 특허 한자쓰기교정의 정석 |

교정시간 | 10분 | 15분 | 20분 | 기타 분

▶ 한자교정선틀에서 바르게 써 봅시다.

부록 한자쓰기연습장

교정시간 | 10분 | 15분 | 20분 | 기타 분

▶ 한자교정선틀에서 바르게 써 봅시다.

부록 한자쓰기연습장

교정시간 | 10분 | 15분 | 20분 | 기타   분

▶ 한자교정선틀에서 바르게 써 봅시다.

| 부록 | 한자쓰기연습장 | 최재필의 특허 한자쓰기교정의 정석 |

교정시간 | 10분 | 15분 | 20분 | 기타   분

▶ 한자교정선틀에서 바르게 써 봅시다.

부록 한자쓰기연습장

교정시간 | 10분 | 15분 | 20분 | 기타 분

▶ 한자교정선틀에서 바르게 써 봅시다.

부록 한자쓰기연습장

교정시간 | 10분 | 15분 | 20분 | 기타   분

▶ 한자교정선틀에서 바르게 써 봅시다.

177

부록 — 한자쓰기연습장

최재완의 특허 한자쓰기교정의 정석

교정시간 | 10분 | 15분 | 20분 | 기타   분

▶ 한자교정선틀에서 바르게 써 봅시다.

부록 한자쓰기연습장

교정시간 | 10분 | 15분 | 20분 | 기타 　분

▶ 한자교정선틀에서 바르게 써 봅시다.

부록 — 한자쓰기연습장

| 교정시간 | 10분 | 15분 | 20분 | 기타 | 분 |

▶ 한자교정선틀에서 바르게 써 봅시다.

부록 한자쓰기연습장

교정시간 | 10분 | 15분 | 20분 | 기타 분

▶ 한자교정선틀에서 바르게 써 봅시다.

▶ 한자교정선틀에서 바르게 써 봅시다.

부록 — 한자쓰기연습장

교정시간 | 10분 | 15분 | 20분 | 기타 　분

▶ 한자교정선틀에서 바르게 써 봅시다.

부록 — 한자쓰기연습장

최재만의 특허 한자쓰기교정의 정석

교정시간 | 10분 | 15분 | 20분 | 기타   분

▶ 한자교정선틀에서 바르게 써 봅시다.

▶ 한자교정선틀에서 바르게 써 봅시다.

부록 — 한자쓰기연습장

교정시간 | 10분 | 15분 | 20분 | 기타　분

▶ 한자교정선틀에서 바르게 써 봅시다.

부록 한자쓰기연습장

교정시간 | 10분 | 15분 | 20분 | 기타 분

▶ 한자교정선틀에서 바르게 써 봅시다.

한자쓰기연습장

교정시간 10분 | 15분 | 20분 | 기타 분

▶ 한자교정선틀에서 바르게 써 봅시다.

▶ 한자교정선틀에서 바르게 써 봅시다.

부록 한자쓰기연습장

교정시간 | 10분 | 15분 | 20분 | 기타 분

▶ 한자교정선틀에서 바르게 써 봅시다.

187

부록 한자쓰기연습장

교정시간 | 10분 | 15분 | 20분 | 기타　　분

▶ 한자교정선틀에서 바르게 써 봅시다.

부록 한자쓰기연습장

교정시간 10분 15분 20분 기타 분

▶ 한자교정선틀에서 바르게 써 봅시다.

부록 한자쓰기연습장

교정시간 | 10분 | 15분 | 20분 | 기타   분

▶ 한자교정선틀에서 바르게 써 봅시다.

▶ 한자교정선틀에서 바르게 써 봅시다.

부록 — 한자쓰기연습장

교정시간 | 10분 | 15분 | 20분 | 기타   분

▶ 한자교정선틀에서 바르게 써 봅시다.

부록 한자쓰기연습장

교정시간 | 10분 | 15분 | 20분 | 기타 분

▶ 한자교정선틀에서 바르게 써 봅시다.

부록 — 한자쓰기연습장

최재필의 특허 한자쓰기교정의 정석

교정시간 | 10분 | 15분 | 20분 | 기타 분

▶ 한자교정선틀에서 바르게 써 봅시다.

부록 한자쓰기연습장

교정시간 | 10분 | 15분 | 20분 | 기타   분

▶ 한자교정선틀에서 바르게 써 봅시다.

한자쓰기연습장

교정시간 | 10분 | 15분 | 20분 | 기타　　분

▶ 한자교정선틀에서 바르게 써 봅시다.

부록 한자쓰기연습장

▶ 한자교정선틀에서 바르게 써 봅시다.

교정시간 | 10분 | 15분 | 20분 | 기타 분

부록 | 한자쓰기연습장

최재민의 특허 한자쓰기교정의 정석

교정시간 | 10분 | 15분 | 20분 | 기타   분

▶ 한자교정선틀에서 바르게 써 봅시다.

부록 — 한자쓰기연습장

최재만의 특허 한자쓰기교정의 정석

교정시간 | 10분 | 15분 | 20분 | 기타   분

▶ 한자교정선틀에서 바르게 써 봅시다.

보내는 사람

이름 : _____

주소 : _____

_____

☐☐☐-☐☐☐

우표

받는 사람

경기도 용인시 수지구 죽전동 새터마을 죽전힐스테이트 713-104
대표전화 : (031) 898-0079
최재만의 악필글씨교정노트

바른글씨

4 4 8 - 9 7 1

〈접는선〉

한자쓰기교정의정석 사용후기

이름	나이	대상	전화번호	이메일
(남 · 여)	세	☐초 ☐중 ☐고 ☐성인 상세히: 학년		

■ 한자쓰기교정의 정석 사용 후 느낀 점을 적어 주십시오.

_____
_____
_____
_____
_____
_____
_____
_____
_____

20   년   월   일

작성해 주셔서 감사합니다. 보내주신 내용은 바른글씨의 귀중한 마케팅 자료로 활용하겠습니다.